LOS ACTOS SIMBÓLICOS

ÉLISABETH HOROWITZ

LOS ACTOS SIMBÓLICOS

Psicología y magia de los gestos que liberan

EDICIONES OBELISCO

Si este libro le ha interesado y desea que le mantengamos informado de nuestras publicaciones, escríbanos indicándonos qué temas son de su interés (Astrología, Autoayuda, Ciencias Ocultas, Artes Marciales, Naturismo, Espiritualidad, Tradición...) y gustosamente le complaceremos.

Puede consultar nuestro catálogo en www.edicionesobelisco.com

Colección Psicología
Los actos simbólicos

Élisabeth Horowitz

1.ª edición: enero de 2016

Título original: *Les actes symboliques*

Traducción: *Pilar Guerrero*
Corrección: M.ª Ángeles Olivera
Maquetación: Marga Benavides
Diseño de cubierta: *Enrique Iborra*

Edita: Ediciones Obelisco, S. L.
Collita, 23-25 Pol. Ind. Molí de la Bastida
08191 Rubí - Barcelona - España
Tel. 93 309 85 25 - Fax 93 309 85 23
E-mail: info@edicionesobelisco.com

ISBN: 978-84-9111-180-1
Depósito legal: B-24.867-2016

Printed in Spain

Impreso en España en los talleres gráficos
de Romanyà/Valls, S.A. de Capellades (Barcelona)

PICTOGRAMAS

Recordar

Debes saber

Zoom

Para ir más lejos

Un poquito más

Truco

ADVERTENCIA

Algunos de los actos simbólicos pueden sorprender por su carácter teatral. Precisemos que es necesario encontrar un lenguaje diferente para dirigirse al inconsciente y a esa parte de vida que permanece bloqueada en sí, y que los actos simbólicos no son los mismos según la cultura y el lugar del mundo donde se viva.

Consulta con un médico cualificado en caso de depresión o de malestar persistente.

PREFACIO

Imagina actos simples, lúdicos, fáciles de realizar y que no requieren inversión económica... Buenas noticias, los tenemos al alcance de la mano, con el poder de transformar nuestra vida cotidiana. Se trata de microrrituales simbólicos que podemos utilizar a voluntad, de manera inmediata, solos o con ayuda de un terapeuta o de un consejero.

Concebidos «a medida», los *actos simbólicos* son soluciones exprés que reúnen sencillez, facilidad y sentido del humor. A veces son como patinazos ¡un poco de provocación! Ahora descubrirás un amplio abanico de ejemplos en esta obra práctica.

Eficaces, los actos simbólicos recurren a diversas corrientes creativas: el pensamiento salvaje de las tribus primitivas, terapia flash, pensamiento estratégico orientado hacia la resolución de problemas (*problem solving,* terapias resolutivas). Fusionando estas aproximaciones, los actos simbólicos poseen un carácter único, profundamente original y, sin duda alguna, innovador.

Muy completa, esta guía ofrece una recopilación de todas las formas de actos simbólicos que existen en el mundo. Desde París a la selva amazónica, de Milán a California, de Chile a Noruega, su inagotable fecundidad nos abre un inmenso campo de aplicaciones ilimitadas.

1

DESCUBRIR LOS ACTOS SIMBÓLICOS

Actos simples, inmediatos y sin ninguna inversión previa ¿pueden transformar la mayor parte de nuestras dificultades personales? La respuesta es sí. Descubramos aquí la eficacia del ritual simbólico.

¿De qué manera tratamos un problema? Hablándolo con la pareja, con un amigo, con un familiar, e incluso confiándoselo al médico o al psicólogo. Si la carga emocional se alivia inmediatamente ¿se ha resuelto el problema?

El principio de Farrah Fawcett

Discutir sobre un problema, de manera repetida y durante un largo período de tiempo, no significa que sea útil. Un terapeuta estadounidense sentado en una cafetería asiste a los comentarios de clientes diversos respecto a la información de una revista que estaba en la mesa, con una fantástica portada de la actriz Farrah Fawcett[1] (muy morena y posando con su legendario bañador rojo): «Vista de cerca tiene demasiada musculatura», «Tiene una boca enorme», «Pues a mí me parece estrecha de caderas», etc. Con una sonrisa en los labios, el terapeuta piensa que tanto fijarse en los detalles hace que se pierda la visión de conjunto... Hagamos lo mismo con una dificultad: no entremos excesivamente en los detalles y centrémonos en la solución.

---

1. Actriz y modelo estadounidense, sex-symbol de la década de 1970, nacida el 2 de febrero de 1947 y fallecida el 25 de junio de 2009. El famoso póster que la mostraba con su peculiar atuendo (un bañador rojo, muy morenita) se vendió hasta la cantidad de veinte millones de ejemplares.

En busca de la solución

Frente a un problema, nos interesamos poco (o nada) en su origen. Lo cierto es que conocer el origen puede ser instructivo, pero no por ello es una herramienta de curación.

¿Qué se hace cuando la causa, el origen de una dificultad, es identificado y reconocido?

Debes saber

> La mayoría de las dificultades con las que se encuentra una persona halla su origen en sus figuras paternas y las circunstancias particulares de su primera etapa de la vida (infancia y adolescencia) y en su historia familiar (la pareja de los padres, tíos y tías, abuelos y abuelas). En efecto, la trayectoria de los ancestros (material, social, sentimental) se revela como decisiva en términos de influencia, y sus secretos suelen estar asociados.

Tres consultantes me preguntaron sucesivamente: «No consigo encontrar pareja y sólo me encuentro con hombres no disponibles (mi padre fue un hombre ausente de casa) y me veo como mi madre, siempre sola. ¿Cuál es la solución?»; «Mi tío materno abusó de mí en secreto, cuando era niño y, aunque han pasado veinte años, lo recuerdo como si fuera ayer y me atormenta el recuerdo. ¿Qué puedo hacer?»; «Mi madre se suicidó cuando yo tenía ocho años. He hablado de esto con muchos terapeutas. ¿Cuál es la solución para esta depresión que arrastro y que siento en lo más profundo de mí?».

Consejos a medida

Tomemos el ejemplo de esta última consultante que ha pasado diversos años haciendo terapia para superar el suicidio de su madre. Por mi parte, me interesa poco entrar en los detalles y lo que más me importa es la edad que tenía en el momento de los hechos fatídicos (ocho años) y cómo se desarrollaron los hechos (un martes, la madre ingirió muchos somníferos por una pena de amor).

Éste fue el acto simbólico que le recomendé: le propuse que se pusiera una fotografía de la madre en un medallón, colgado al cuello (después de haberlo mojado con sus lágrimas), que luego lo guardara en una mochila, junto con un frasco de píldoras (de la misma marca que las de su madre), una fotografía de ella en esa época, y que escribiera en un papel el nombre el novio de su madre junto con algún objeto que lo caracterizara (en este caso era bombero), más una piedra de ocho kilos que simbolizara «el peso moral». Con todo ello en la mochila, la invité a que la llevara encima, a ratos, durante ocho días y luego la enterrara, un martes, vestida más o menos como iba el día de autos (en este caso, vestidito clásico, calcetines calados blancos con zapatitos de charol), en su jardín (o en su defecto en el campo), plantando encima un árbol frutal (un naranjo o un limonero, por ejemplo) como símbolo de crecimiento y prosperidad a partir del hecho luctuoso.

Zoom

> Hemos materializado todos los elementos del trauma y los hemos unido simbólicamente para podernos liberar de ellos. El ritual simbólico es, sobre todo, un proceso de secuencias precisas (número de días, objetos que se deben adquirir, ritmo) y no una simple tarea.

Elementos clave

El acto simbólico permite a la persona que consulta liberarse emocionalmente, recuperar la alegría de vivir. En el ejemplo que acabamos de citar, la consultante conoció a numerosos amigos nuevos con los que entabló amistad la semana siguiente, de manera espontánea. La invitaban a salir y ella aceptaba encantada.

Es natural que ocurran cambios positivos desde la mañana siguiente al acto simbólico, o en los días sucesivos. El quantum de energía vital y los afectos que estaban pegados hasta entonces en el trauma inicial (en este caso el recuerdo obsesivo de la madre muerta) se liberan y dejan espacio para divertirse y disfrutar de la vida, para volver a amar o para empezar una nueva actividad.

¿Cómo sabemos que el acto ha funcionado? Cuando, tras el acto, el mundo exterior nos ofrece espontáneamente nuevas posibilidades.

Recuerdos almacenados en imágenes

En resumen, ¿por qué las palabras no afectan a la raíz de un problema? Porque los acontecimientos vividos se almacenan en forma de imágenes, como cuando tomas una fotografía instantánea (y silenciosa) de una escena con la cámara fotográfica. Las palabras aparecen más tarde, cuando queremos explicar la experiencia, describirla, rememorarla. La palabra pertenece al consciente, a la razón, mientras que el inconsciente tiene una vasta galería de imágenes y de símbolos (caras, colores, objetos, lugares, fechas...).

Para poder acceder a estas imágenes y modificarlas, necesitamos materializarlas de algún modo, es decir, emplear objetos con sentido simbólico, como retratos, joyas o ropa asociada a los lugares precisos de nuestra memoria (correspondiente a edades decisivas). Lo reunimos todo en una puesta en escena de carácter simbólico que contenga todas las claves del trauma a curar.

Recordar

> En nuestro lenguaje, nuestros gestos o nuestros sueños, tanto si nos damos cuenta como si no, cada cual utiliza sus propios símbolos de manera natural y espontánea. Propongo aquí un uso estratégico, orientado hacia soluciones fácilmente aplicables.

2

UN POCO DE HISTORIA

EFICACIA DEL RITUAL

A partir de la década de 1950, diversas corrientes de pensamiento se interesaron por la investigación de soluciones, tanto en Europa como en Estados Unidos. Ciertos terapeutas presintieron la eficacia del ritual y lo emplearon por su capacidad para generar cambios.

Resumamos en unas cuantas líneas la evolución de dicha aproximación. Veamos cuáles fueron las teorías y las aportaciones de cada escuela.

La escuela californiana

La esfera de influencia del famoso círculo californiano llamado de Palo Alto (Gregory Bateston, Virginia Satir, John Weakland, Paul Watzlawick[1]) se desmarca de la figura de Milton Erickson,[2] genio del solucionismo. Terapeuta anticonvencional que curó a más de treinta mil de pacientes, este último utilizaba mucho la metáfora y proponía a sus consultantes actos creativos particularmente originales.

Empieza utilizando analogías. Con una mujer que recibió en su consulta por un problema de frigidez, él le pidió que describiera cómo descongelaba su nevera y le hizo preguntas que no podían ser más banales: «¿Qué le pasará a la nevera? ¿Qué botón hay que tocar para descongelarla? ¿Cómo retiras el hielo que se va despegando?». En ningún momento habló directamente del problema sexual y sumergió a la mujer en los más pequeños detalles de ese momento

---

1. Teórico de la comunicación nacido en Austria el 25 de julio de 1921 y fallecido el 31 de marzo de 2007.
2. Psiquiatra estadounidense nacido el 5 de diciembre de 1901 y fallecido el 25 de marzo de 1980.

doméstico sin interés. Con esta estrategia trata el problema de manera indirecta.

Zoom

Milton Erickson explica: «Siempre he considerado gran parte de mi actividad terapéutica como una forma de facilitar la aparición de cambios; necesitan un "gesto inesperado", "ilógico" y "repentino" para emerger».[3]

Sus consejos son sorprendentes: le propuso a un jubilado depresivo, amante de la horticultura, que podara sus patatales con formas artísticas, también letras y números; a una jovencita con fobia al avión la convenció de que sólo podría sentir ese miedo sentada en una silla concreta y en ningún otro asiento del mundo (encuadre del síntoma). A una señora bulímica le sugirió que no dudara en salir de su casa (y de su aburrimiento vital) para hacer una *road movie* con sus hijos... Y a una joven violenta que estaba encerrada en una clínica, la ayudó a que destruyera el material de su habitación y toda su ropa, animándola a acabar con todo hasta que ella misma dijo: «¿Usted cree que esto está bien?».

Llegó a prescribir a unos pacientes glotones que fueran a comprar toda la comida que encon-

---

3. Erickson, M., prefacio de Watzlawick P. Changements, París, 1975.

traran en la ciudad... a pie. Y aplicaba sus conceptos con sus propios hijos: no decía nada cuando su hijo olvidaba sacar la basura, tal como estaba pactado que hiciera, pero lo despertaba a media noche, muy educadamente, para recordarle que era su obligación hacerlo (estaba claro que no lo olvidaría jamás). A sus nuevos pacientes les ordenaba algo extraño, como que escalaran tal montaña cercana (de 350 m) y, después, que fueran a verlo para la primera visita...

Un poquito más

Paul Watzlawick precisa: «Aunque se imponen la lógica y el sentido común, si las cosas no funcionan ¿quién no se ha sentido frustrado al ver que sólo consigue que todo empeore? Al contrario, a veces constatamos un cambio "ilógico" y sorprendente que desbloquea una situación sin salida. Por otra parte, el tema de la solución rara, contraria al sentido común, es un arquetipo que se refleja en el folclore, los cuentos de hadas, el humor y los sueños».[4]

4. Watzlawick, P., Changements, *op. cit.*

Tras la desaparición de Milton Erickson, otro terapeuta entusiasta, Steve de Shazer,[5] fundó en Milwaukee, en 1982, un centro orientado a las soluciones. Se hizo muy conocido por el empleo ventajoso de su «pregunta milagro», que exponía a sus pacientes: «Durante la noche se ha producido un milagro y tu problema se ha resuelto completamente cuando te has despertado ¿qué ha pasado?». La persona, entonces, empezaba a elucubrar sobre lo que podía haber ocasionado el milagro y Steve de Shazer la ayudaba a elaborar el camino a seguir para conseguir dicha solución.

La escuela italiana

Distanciándose del modelo psicoanalítico, un grupo de terapeutas italianos priorizó un modelo de terapia breve fundamentado en consejos concretos con vistas a un cambio rápido. Gianfranco Cecchin, Mony Elkaïm, Mara Selvini Palazzoli,[6] Giorgio Nardone[7] y Claudette Portelli[8] son sus principales exponentes. Desde 1972, Mara Selvini Palazzoli trató a un bebé de dos años y medio que dejó de alimentarse, cuyos padres le ocultaron la muerte de su hermano pequeño de seis meses. Aconsejó a los padres, no sólo que se lo explicaran sino también que realizaran juntos un acto sim-

---

5. Terapeuta estadounidense nacido el 25 de junio de 1940 y fallecido el 11 de septiembre de 2005.
6. Terapeuta italiana de renombre internacional, nacida en 1916 y fallecida en 1999.
7. Terapeuta italiano nacido el 13 de septiembre de 1958.
8. Terapeuta italiana, autora de *La Connaissance par le changement*, 2012.

bólico, una ceremonia, enterrando la ropita del bebé y plantando encima un bonito árbol como colofón al ritual. Los síntomas de ansiedad del bebé desaparecieron en cuanto se llevó a cabo el ritual y empezó a comer con mucho apetito.[9]

Este ejemplo demuestra, también, la omnipresencia de la psique: la niñita sabía, en el fondo de sí misma, que existía un secreto mayor, pero hasta que no se reveló y eliminó mediante el ritual, el síntoma perduró.

Otros actos simbólicos favorecen la permuta de roles (por ejemplo, en una pareja en crisis, los cónyuges cambian los papeles, o bien, los días pares e impares, la mujer tiene poder sobre el marido y el marido sobre ella, y así sucesivamente). Los terapeutas italianos animan a superar las reglas familiares rígidas (por ejemplo, una familia en el seno de la cual está prohibido decir cosas feas, la familia está reunida, la casa se cierra con llave y cada cual debe avisar a todos sobre lo que hace y deshace). Aún más sorprendente, los terapeutas aconsejan poner un mote jocoso a los maltratadores y utilizarlo a la hora de explicar experiencias traumáticas, tomando así distancia, revancha y protección.

La escuela de Europa central

En los Países Bajos, desde 1978, el psicólogo holandés Onno van der Hart se interesó por la antropología y la relación entre los rituales y la curación. Se dio a conocer internacio-

9. Selvini Palazzoli, M., «Family Rituals: A powerful tool in family therapy» en *Family Process,* vol 16, dic. 1977, págs. 445-454.

nalmente gracias a una obra que trataba del empleo positivo de los actos simbólicos en la resolución de duelos no realizados.[10] En la misma corriente de pensamiento, una pareja de terapeutas noruegos, Wencke y Michael Seltzer,[11] integraron a su práctica ciertos ritos tradicionales. Así, una madre cuyos hijos consideraban que era «mala» hizo que éstos le pusieran una máscara de bruja, como en las tradiciones antiguas, que tenía que llevar en casa durante varios días... Sugirieron a una pareja en dificultades que escribiera en trozos de papel todas sus quejas y rencores, quemándolos juntos en una ceremonia al borde del agua. Propusieron a una familia, a cuyo hijo pequeño tenían en un pedestal (era en centro de atención, el «rey de la casa» que le pusieran un trono de verdad, de grandes dimensiones y ricamente ornamentado (que tuvieron que construir ellos mismos), coronándolo después en un ritual que encarnase la realidad cotidiana que estaban viviendo... Así permitieron que el niño bajara del trono y recuperara su estatus de niño, su libertad y su alegría de vivir. Su técnica consistió en materializar, de manera exacta, literal, las reglas del juego familiar.

La escuela sudamericana

Tanto en Argentina como en El Salvador, otros terapeutas subrayaron la importancia de la simbolización como herra-

---

10. Cf. Van der hart, O., *Rituals in Psychotherapy – Transition and Continuity*, Irvingtone Publishers, Nueva York, 1983.
11. Cf. Seltzer W. K. y M. R., «Material, myth and magic: a cultural approach to family therapy» en *Family Process*, n.º 22, págs. 3-14.

mienta de curación, como María Ana Ennis,[12] Mariana de Ruschi[13] o Marta Guberman,[14] las tres autoras de obras al respecto. Desde 1974, María Ana Ennis utiliza un panel de símbolos (como un castillo que representa la vida interior, el océano para representar la vida emocional, un volcán cuyo cráter es una entrada hacia la energía vital, etc.).

Célebre iniciador de *happenings* y de *performances,* influenciado por el movimiento surrealista,[15] el artista y terapeuta chileno Alejandro Jodorowsky[16] desarrolló, con un éxito más que notable, su propia práctica del psicodrama, e hizo de la puesta en escena de los actos simbólicos una disciplina completa, denominándola «psicomagia».[17]

Si te quieres ahorrar diez o quince años de psicoanálisis, esta aproximación está hecha a tu medida. Adepto de estrategias radicales que permiten salir del modo de funcionamiento mental habitual, se decantó por esta terapia que puede ser provocadora, cómica y ultrajante.

¿Cómo procederías tú para retirar el vendaje de una herida? Con A. Jodorowsky, en lugar de ir lentamente, se arranca de un tirón, con un golpe seco y eficaz. Podemos citar el ejemplo del hombre lloroso que le fue a consultar porque no podía dejar de pensar obsesivamente en la novia

---

12. Psiquiatra, autora de *Psicoterapia Simbólica (1974),* reedición Buenos Aires, 2007.
13. Cf. Ruschi, M. de, *Hacia una psicología de la simbolización,* Educa, Buenos Aires, 2004.
14. Cf. Guberman, M., *Símbolo y psicoterapia,* Lugar Ed., Buenos aires, 2004.
15. Movimiento artístico fundado por el francés André Breton en 1924.
16. Artista y terapeuta chileno, nacido en 1929 y residente en París.
17. Cf. Jodorowsky, A., *Manual de psicomagia,* 2009.

que acababa de abandonarlo. Jodorowsky le aconsejó que se comprara un sombrero y pusiera dentro una foto de la novia, llevando puesto el sombrero día y noche, hasta el día que encontrara una novia nueva. Ese día, podría quemar el sombrero con la foto y esparcir sus cenizas por el campo.

En otro ejemplo, le pidió a una señora harta de su trabajo que se presentara en la oficina con un ramo de rosas y las repartiera entre sus colegas, cada mañana, durante un mes.

Jodorowsky le sugirió a un hombre profundamente neurasténico que durante nueve días se vistiera de Superman y a otro paciente muy acomplejado por su aspecto físico que se pintara todo el cuerpo con un barniz dorado, se pusiera un bañador y saliera a pasear por la calle (cada día, durante una semana). Es cierto que hay que tener mucha cara, pero entre el estupor, los temblores y los ataques de risa, desaparecen el miedo al ridículo y los complejos.

Y en París, M. Lacan...

En Francia, los terapeutas también aconsejaron actos simbólicos y el primero en hacerlo fue, desde la década de 1960, Jacques Lacan.[18] Elegante y cultivado, amante de las charlas, vestido con una célebre capa de leopardo y su puro en la boca, desconcertaba a sus pacientes con prescripciones cada vez más excéntricas. Con él, una sesión podía du-

18. Célebre psiquiatra y psicoanalista francés nacido el 13 de abril de 1901 en París, y fallecido el 9 de septiembre de 1981 en París.

rar dos horas o diez minutos; podía recibirte como si fueras su mejor amigo y al día siguiente olvidarse de ti en un rincón de la sala de espera; tras una apasionante entrevista, incluso podía no cobrarte, mientras que otro día, sólo por dirigirte la palabra, te podía exigir una suma escandalosa. A un ex seductor deprimido que adoraba levantarse tarde y que, gracias a él, se convirtió en un escritor famoso con best-sellers internacionales (se trata de Pierre Rey),[19] lo citó de la siguiente manera, mientras le estrechaba la mano:

—Hasta mañana a la seis.

—De acuerdo.

—Mañana a las seis... de la mañana.

Así que, al alba, el pobre hombre salía de su casa para presentarse en la consulta de la calle Lille n.º 5, sin haber podido pegar ojo en toda la noche pero sinceramente dispuesto a aceptar todos los desafíos: «Si me hubiera pedido que fuera a verlo a las antípodas, para 20 segundos de consulta a un precio de 10 millones ¡hubiera sacado el dinero de donde fuera y habría ido!».[20]

Las escuelas francesa y suiza

Desde la década de 1930, Robert Desoille[21] desarrolló la técnica del sueño lúcido, favoreciendo la emergencia de

---

19. Escritor francés nacido el 27 de abril de 1930 y fallecido el 22 de julio de 2006. Autor de numerosos éxitos como *Le Grec* (1972), *Palm Beach* (1979), *Sunset* (1988).
20. Rey, P., *Un Saison chez Lacan*, París, 2014.
21. Ingeniero francés (1890-1966), fundador del método del sueño lúcido (1938).

imágenes interiores entre el estado de vigilia y el de sueño, que pueden, entonces, ser comentadas en la sesión y, después, materializadas, simbolizadas.

Mencionemos también la extraordinaria aportación de Marguerite Sechehaye (1887-1964), psicóloga suiza, que en su innovadora práctica incluyó, desde la década de 1950, el modo metafórico y «mágico», proponiendo a sus consultantes símbolos concretos, compensando sus necesidades infantiles aún no colmadas. Salvó a numerosos pacientes, entre los cuales una joven esquizofrénica, como da fe en una obra de referencia que se convirtió en un best-seller internacional (*Journal d'une Schizophrène,* 1954).

Más cerca de nosotros, a partir de 1994, dos terapeutas creativos, Philippe Caillé[22] e Yveline Rey[23] inventaron los objetos flotantes,[24] ritos terapéuticos fundados en hacer y no decir, generando transformaciones muy profundas.

Pero ¿por qué la palabra «flotante»? Porque, como flotadores en la superficie del agua, flotan, maleables, entre el terapeuta y su paciente. Conjugando las dimensiones artística y estética (empleo de formas y colores), la seriedad y la ligereza, supieron crear objetos que permitieron simbolizar una dificultad, como el tablón de sueños, una variante del juego de la oca (con diez acontecimientos fundadores de la historia), máscaras (dos que representan a los padres, aunque hayan muerto), modelar y esculpir (a los miembros de la familia o una dificultad), las estatuas vivientes, los em-

22. Psiquiatra y terapeuta de pareja y de familia.

23. Psicólogo y terapeuta sistémico, profesor de psicología clínica.

24. Cf. Caillé, P., y Rey Y., *Les objets flottants,* Fabert, París, 2009.

blemas, los espejos reflectantes e incluso recitar simbólicamente (con todos los elementos del problema) o la silla vacía (silla que se deja vacía, durante las sesiones, en la que se sienta una tercera persona simbólica, con la que se deberá conversar). Otros terapeutas completan la construcción del tótem, del cartucho egipcio o de un árbol genealógico imaginario.

Recordar

> La práctica de actos simbólicos permite la curación de miles de pacientes, de modo que podemos concluir que una dificultad personal está en vías de solucionarse desde el momento en que la representamos y/o simbolizamos (mediante un objeto o una teatralización).

3

LAS VENTAJAS DEL ACTO SIMBÓLICO

SIMPLICIDAD Y EFICACIA

De fácil acceso, con un campo de aplicaciones ilimitado y resultados inmediatos, el acto simbólico conjuga, de maravilla, la simplicidad con la eficacia.

Los actos simbólicos pueden responder a todo tipo de demandas, de las más simples a las más complejas.

Soluciones exprés

En principio, el acto simbólico debe ser rápido, incluso inmediato, es necesaria poca (o ninguna) preparación y debe ser accesible a todos, sea cual sea la edad o la situación. Incluso los niños pequeños pueden hacer actos simbólicos (a ellos les salen espontáneamente), como una niña que, dibujándose soltándole la mano a su padre incestuoso, le dijo: «Toma, te devuelvo tu mano».

Zoom

> Los niños practican acto simbólico de manera natural, en cuanto experimentan un deseo, como una niña de 4 años que, tras haber perdido a su madre, dibujó en el suelo de su habitación un cuerpo de mujer grande, en el centro del cual se colocaba, inmóvil, durante largas horas. Para ella, la gran forma humana dibujada en el suelo era la presencia tranquilizadora de su desaparecida madre. Mediante este acto simbólico, la niña pudo crear, de manera metafórica, el cuerpo de su madre.

Pequeños medios, grandes resultados

De naturaleza simple, el acto simbólico requiere muy poco (a veces de nada). A lo sumo, unos objetos que todos tenemos fácilmente en casa: papel para escribir, fotografías, un vestido, una bolsa, una piedra, semillas para plantar, etc. Veremos cómo pequeños medios, utilizados de manera estratégica, son capaces de generar grandes cambios.

El acto simbólico intenta romper con el carácter rutinario de lo cotidiano y emplea todos sus recursos creativos disponibles, en primer lugar, la imaginación, dado que contempla la misma situación desde diferentes puntos de vista y siempre de manera cómica. Por ejemplo, un hombre que duda de su encanto puede salir de su casa y, con su imaginación, actuar como si fuera el hombre más atractivo del mundo. Incluso con pocos medios es posible, según el

Truco

> Espontáneamente, comienzas a soñar despierto, mirando las nubes. Vas reconociendo paisajes, montañas, caras, todo tipo de objetos. A partir de una forma esponjosa e inestable, tu imaginación va inventando otras formas, divirtiéndose con la anécdota, la variedad y lo pintoresco. No sólo se sueña con las nubes; podemos hacerlo frente a un lago o un río, con el mar, con el fuego, en el interior de una cueva, contemplando un paisaje de lava o bloques de granito o una playa de arena dorada.

mismo principio, pasearse por la calle como si se tuviera millones de euros en el banco.

Imaginar

De manera sorprendente, la imaginación se halla en la base de las cuatro operaciones matemáticas. Vamos a detallarlas para poder comprender su funcionamiento:

- *Sumar:* o agrandar (por ejemplo, un mono se convierte en King Kong, una lagartija en Godzilla, partes concretas se vuelven gigantes, un cuerpo que aumenta de tamaño).
- *Restar:* o disminuir (por ejemplo, hombres y mujeres quedan reducidos a gnomos, hadas, elfos. En la célebre novela *Alicia en el País de las Maravillas,* ésta se come un pastel que la empequeñece).
- *Multiplicar:* o acrecentar (hacer crecer animales hasta el infinito, objetos, personas o a uno mismo).
- *Dividir:* o apedazar (manos separadas del cuerpo, gato invisible cuya sonrisa se ve flotar, gente que no se refleja en los espejos, una sombra que deja a su persona y vive su propia vida).

A estas cuatro operaciones fundamentales, podemos añadir estas otras:

- *Combinar:* o mezclar elementos entre ellos (por ejemplo, una cabeza de mujer en un cuerpo de pez, un tronco de hombre en el cuerpo de un caballo).

- *Transformar:* o cambiar de una especie a otra (uno hombre en lobo, un dios en demonio, un hada en bruja).
- *Vencer las leyes naturales:* por ejemplo, volar, estar en dos sitios al mismo tiempo, sacar agua de las piedras o invertir cualidades (fuego frío, agua hirviendo, sal dulce), humanizar plantas (un árbol que vende lotería), animales (una cebra es catedrática de filosofía), objetos que se enamoran entre sí (un reloj de pulsera se enamora de un hombre joven).
- *Recuperar lo que se ha perdido:* como brazos tentaculares para la Venus de Milo.
- *Extender una particularidad a todos los seres:* un tronco en llamas, una nube en llamas, un saxofón en llamas, un juicio moral en llamas.

Truco

> Una vez conocidos los principios, es fácil jugar con las imágenes y los símbolos. Te propongo divertirte unos instantes inventando nuevas asociaciones.

Un poco de teatro

La recomposición (casi teatral) de las escenas que conservamos en la memoria es terapéutica y, como veremos, es posible distanciarse del pasado siempre que se revivan los momentos clave de manera metafórica. Para conseguirlo, es deseable recolocarse en un marco similar al de la época rememorada, interpretando su propio rol y/o adoptando el de otros.

¿Cuáles son los recuerdos que pueden ser objeto de representación? Una escena delicada (por ejemplo, las disputas de los padres) o una situación habitual y rutinaria (como la comida familiar). «Revivirlas» imitándolas permite despegarse de ellas, liberar las emociones que están asociadas a ellas (y este ejercicio es indispensable cuando la familia es injusta o incluso violenta).

Truco

> No sólo es provechoso poner en escena la vida familiar tal y como se vivió (es decir, como se representa en nuestros recuerdos), sino que también es bueno representarla como nos hubiera gustado que fuera. Por ejemplo, con la reconciliación entre los padres peleados o entre un progenitor y uno mismo.

Otra técnica consiste en introducir un «doble», es decir, poner en escena a otra persona al lado de la que se expresa, para que ese doble verbalice en voz alta lo que el afectado es incapaz de decir. Una variante consiste en ampliar considerablemente el eco de la persona que se está expresando. La resonancia de las palabras tiene un efecto muy poderoso, conduciendo a una especie de conciencia superior.

Un poco de humor

El acto simbólico constituye en una toma de distancia con respecto a la realidad, que puede contener elementos humorísticos e incluso descaradamente cómicos. El hecho de estar dispuesto a hacer una cosa poco habitual e incongruente puede, sólo con decirla, arrancar una sonrisa. Para Sigmund Freud, el humor no sólo tenía algo de liberador, sino que también tiene algo de grandioso y exultante.[1] Jugando con los límites de lo socialmente aceptable, permite aflojar el corsé de la razón pura, fluctuando entre lo serio y lo esperpéntico. Y por su efecto de encuadramiento, sacude, sorprende, desestabiliza, confunde y amplifica el problema hasta lo absurdo… Además, facilita las relaciones: reírse de uno mismo, de la familia, de la profesión, de la propia etnia, de la religión. ¿No es sorprendente este tipo de curación? ¿Es coincidencia que, en Estados Unidos, muchos terapeutas recomienden a sus pacientes deprimidos que visionen películas cómicas?

Apertura y elasticidad mental

Acicalado con una de sus innumerables pelucas de color platino, Andy Warhol[2] decía una frase de su filosofía pero

1. Cf. Freud, S., *Le Mot d'esprit et sa Relation à l'Inconscient,* Folio, París, 1922.
2. Artista estadounidense, padre del pop art, nacido en 6 de agosto de 1928 y fallecido el 22 de febrero de 1987.

con una flema legendaria: «Sí, el mal gusto hace que el tiempo pase más rápido». Nosotros podemos afirmar también que se resuelven problemas con mucha más rapidez. Surrealista, provocador, desconcertante o simplemente divertido, el acto simbólico invita a suavizar los esquemas de pensamiento, ofreciéndonos unos minutos de jogging mental.

4

UN ABANICO DE SOLUCIONES

LOS DIFERENTES ACTOS

«Cambia los papeles, invierte el tiempo, haz más de lo mismo, haz todo lo contrario, modifica un detalle, intenta algo nuevo, refleja la situación como un espejo…». Descubre los diferentes actos simbólicos que se te ofrecen.

El término «acto simbólico» agrupa una serie de técnicas que comparten la misma base: la materialización de diversos elementos de un problema.

Materializar: una base esencial

Partamos de este principio básico: no podemos deshacernos de una dificultad si no la simbolizamos, si no la representamos de manera tangible. En resumen, hay que ilustrarla, modelarla, materializarla de alguna manera.

Sigamos el ejemplo de un hombre que no conseguía adelgazar (le sobraban diecisiete kilos). Esos diecisiete kilos puede que fueran la expresión de un trauma (relación con su madre, pérdida o separación, acontecimiento personal a los diecisiete años o algo que pasó diecisiete años antes, etc.), pero nosotros no buscamos la causa porque nuestro interés no se centra en hablar del problema, sino en representarlo.

¿Qué es el peso? Pues es carne mezclada con grasa corporal. Así que podemos aconsejar a este hombre que compre diecisiete kilos de carne con grasa, la introduzca en una maleta y la pasee por toda la ciudad (vive en una de 1,7 km) antes de deshacerse de ella (distribuyendo su contenido entre animales, por ejemplo).

Zoom

El objetivo perseguido es (también) hacer emerger recuerdos y emociones que, durante el acto simbólico, subirán desde de la psique hasta la superficie (la consciencia). Así, numerosos pacientes recuerdan por primera vez escenas decisivas (familiares y/o personales) hasta entonces escondidas en su memoria (olvidadas por rechazo en razón de su contenido vergonzoso y/o doloroso). En nuestro ejemplo, una vez efectuado el acto, el paciente empezó a adelgazar.

Metáforas en acción

La lectura de este párrafo hará que te encuentres en la situación de David Vincent, héroe de la serie estadounidense *Los Invasores,* cuando descubras que las metáforas, como los extraterrestres, están «entre nosotros» y que, lejos de estar confinadas en las obras literarias, están omnipresentes en nuestra vida y en nuestro lenguaje cotidiano.

Si bien conocemos la metáfora verbal (del griego *metaphora,* «transferencia») como figura del lenguaje extraída de su propio sentido literal: «los dientes son una hilera de perlas», «es más astuto que un zorro», «y ahora me veo en un cruce de caminos», etc., también hay metáforas gestuales, visuales, y juegos de niños metafóricos, como el del niño que utiliza un palito largo como caña de pescar, sin hablar.

Vamos a ver algunos ejemplos: Simón, un paciente cuya madre era muy posesiva, se sentía igualmente asfixiado por su mujer y comentaba al respecto de ella: «¡Esa mujer es un auténtico pulpo!».

Recordar

> Hoy empezamos a entrever el papel fundamental del mundo metafórico en tanto que medio privilegiado para llegar a las resistencias que dormitan en el inconsciente de cada uno de nosotros, además de los bloqueos. La metáfora, aquí, se vuelve a trabajar para darle vida y convertirse en solución.

El acto simbólico consiste, pues, en concretar el discurso. Le aconsejé que propusiera a su mujer que lo dejara cocinar los siguientes quince días; que fuera a comprar un gran pulpo y lo cortara, congelando los trozos y que, cada día, pusiera en la mesa pulpo para comer, con una salsa diferente cada día, y se lo comiera en compañía de su mujer.

María, una paciente cuyo padre siempre se había mostrado misógino y violento, comentaba en relación a sus numerosas relaciones sentimentales fracasadas: «Siempre me doy de narices». Entonces le propuse el siguiente acto: todos los días, durante veintiocho días (es decir, un período menstrual), modela una nariz de arcilla de tamaño normal y, cuando esté seca, la rompes con un martillo.

A propósito de un padre versátil e inestable que la hizo sufrir, Claire, una paciente, comentaba: «Nunca sabía a qué atenerme, cambiaba de parecer como de camisa». Le sugerí que se cambiara de blusa siete veces al día durante treinta y dos días (su edad).

Daniel, un paciente que sufría problemas sexuales, cuyos padres se separaron justo al nacer él, comentaba: «Su historia de amor fue fuego en paja», así que mi consejo fue inmediato: que fuera a comprar paja y quemara veintinueve paquetes exactamente, uno a uno o todos a la vez (tenía veintinueve años). Pero debía conservar el último para que fuera adquiriendo color de oro.

La madre de Chantal, una paciente soltera de cuarenta y cinco años, celosa y muy crítica, no dejaba de repetirle: «Nunca encontrarás la horma de tu zapato». Le aconsejé el siguiente acto simbólico: que fuera a todas las zapaterías que encontrara en su localidad, se probara cuarenta y tres modelos diferentes el mismo día, y acabara comprándose el último modelo, de rabiosa moda, pidiendo que se lo envolvieran en un paquete de regalo maravilloso, para ponerse esos zapatos la próxima vez que su madre la invitara.

Otro paciente, François, artista y creativo, sufrió durante su adolescencia el sarcasmo de su padre que, sorprendido por la estatura de su hijo, le repetía: «¡Cuidado, estás poniendo el tapón muy alto!». Le aconsejé el siguiente acto simbólico: que fuera cada día a correos, durante veinticinco días (tenía veinticinco años) para que enviara un tapón corriente, de corcho, en una cajita monísima, a los lugares más lejanos del planeta (Japón, Australia, África, Nueva Zelanda, ¡al Polo Norte!) a direcciones concretas (o inventadas).

Toda su infancia, Romuald, un paciente desempleado, tuvo que sufrir los arrebatos de furia de su violento padre cuando éste bebía y aparecía con la cara roja e hinchada de ira, amenazándolo en estos términos: «Niño, una palabra de más y te tragas la fe de bautismo». En este caso, el acto simbólico es muy simple: basta con hacer una fotocopia del documento, hervirlo a fuego lento y mezclarlo con alguna comida (por ejemplo, un puré), tragándoselo hasta la última cucharada. Al «llevar a cabo» la amenaza de su padre, se liberaba de ella para siempre.

Veamos un ejemplo: Sophie era una señora de cincuenta y seis años, que no tenía amigos; fue la oveja negra de su familia, que constantemente estaba entre la espada y la pared, rechazada, excluida de juegos y de conversaciones por sus hermanos y hermanas, cuyos padres le repetían: «Esto no va contigo, vete a freír espárragos». Mi consejo fue simple: que comprara cincuenta y seis espárragos y los cultivara con mucho mimo (todos los días, también los fines de semana). Cuando alguien la invitara a tomar un café, por ejemplo, tenía que contestar: «Gracias, muy amable, pero tengo que freírme mis espárragos». En todos los ejemplos citados, los síntomas desaparecieron (y las soluciones aparecieron) tras la minuciosa puesta en escena de la metáfora.

Modificar un detalle

Durante una comida, Sigmund Freud hacía que los miembros de su familia se cambiaran de sitio en la mesa, regularmente (sus hijos, su mujer, los invitados de turno y hasta su queridísimo perro). ¿Por qué? Simplemente para cambiar sus puntos de vista y, por tanto, sus actitudes.

Muchos actos simbólicos son simples porque modifican un solo y único detalle. Veamos unos ejemplos: paralizado por el estrés, un estudiante intenta pasar sus exámenes finales. ¿Qué le podemos proponer para que cambie algo sin cambiarlo todo? Quinientos metros antes de llegar a la facultad, le pediremos que se quite los zapatos y haga el resto del camino descalzo. Un director de orquesta vino a mi consulta porque no conseguía controlar el estrés durante los ensayos. Le propuse que cambiara su batuta por una barra de pan y dirigiera la orquesta como si tal cosa. ¡Y le funcionó! La sorpresa y la novedad poseen una cualidad más preciosa que el oro: rompen los comportamientos cotidianos.

Zoom

Según el mismo principio, podemos resolver una adicción modificando el elemento final. A una consultante alcohólica no le pedimos que renuncie al alcohol. Le diremos que lo compre pero que utilice la botella (en este caso de vodka) no para beber, sino para darse masajes con la bebida por todo el cuerpo (o que se los dé alguien). No se toca el objeto que crea la dependencia, sino que se le cambia la finalidad. ¡Y funciona! La avidez oral (comer demasiado, beber demasiado, fumar demasiado) no es más que un desplazamiento del deseo natural de ser tocado, acariciado, masajeado. Si dicha necesidad no ha sido colmada, la necesidad oral (boca) se amplifica.

Un hombre tenía que presentar una ponencia ante trescientas personas, pero le aterrorizaba hablar en público. ¿Qué iba a hacer? Teñirse la lengua de otro color para asegurarse una buena dicción. No hablamos del mismo modo si sabemos que tenemos la lengua azul (¡de metileno!). Mezclando humor y surrealismo, estos actos exprés lo cambian todo.

En estos tres ejemplos, en ningún caso hemos buscado la causa del estrés, aunque supongamos que tiene sus raíces en la historia personal o familiar de cada individuo (como por ejemplo, la falta de confianza en uno mismo por un modelo masculino perjudicial, como un padre autoritario, avaro, indiferente o ausente). Nosotros vamos directamente a la solución, modificando de forma lúdica un único elemento, lo cual marca la diferencia. Introduce una dimensión nueva y permite flexibilizar las rigideces y superar las inhibiciones.

Intercambiar los papeles

En las dificultades relacionales, por ejemplo, entre padres e hijos o entre la pareja (incluso en el ámbito profesional), el acto simbólico consiste en permutar los papeles intercambiando nombres, ropa, horarios y costumbres. «Convirtiéndose» en el otro de manera temporal es posible liberarse de la incomprensión, de la falta de entendimiento, e incluso del conflicto.

Por ejemplo, en la tensa relación entre una madre y su hija adolescente, los papeles se intercambian una o dos veces por semana y cada una de ellas adopta la personalidad de la otra (imitando su comportamiento hasta en los más mínimos detalles). La madre se vestirá cono la niña y la imitará en todo (peinado, voz, manera, etc.) mientras que la niña se vestirá como su madre y cumplirá con sus obligaciones de adulta, haciendo la compra, preparando la comida, dando directrices y hasta revisando facturas. Los ataques de risa están siempre a la vuelta de la esquina, como podemos suponer, y se destensan muchas situaciones con rapidez.

Gracias a este acto simbólico, cuya técnica es totalmente sencilla, las tensiones y conflictos latentes se disuelven a toda velocidad. En las peleas conyugales (por ejemplo, el marido y la mujer se enfrentan por dirigir la casa a su manera, imponiendo sus puntos de vista), el poder puede ser compartido de la siguiente manera: los días pares la esposa dicta sus reglas y los impares lo hace el marido. Así acabarán siendo aliados.

Invertir el tiempo

En el mismo orden de ideas, el acto simbólico permuta la lógica de las acciones corrientes invirtiendo su secuencia cronológica. Por ejemplo, el terapeuta Milton Erickson recibió en su consulta a una mujer con problemas de peso (la mujer conseguía adelgazar, pero recuperaba el peso inmediatamente). Entonces, el terapeuta le aconsejó que hiciera lo contrario, es decir, intentar engordar (subió diez kilos) y comprobó que perdía el peso inmediatamente. Tan sólo se modificó la secuencia temporal. Y con éxito.

Nosotros también podemos realizar actos en sentido contrario, en un mismo día. Por ejemplo, a una pareja con serias dificultades, al borde de la ruptura, se le propone que, por la mañana, celebre el «fin oficial del matrimonio» (todos los reproches se exponen y luego cada cual se va a lo suyo) y, por las noches, «la renovación» (cenar juntos en un restaurante, a ser posible). Esta situación paradójica (ruptura/alianza, al mismo tiempo) provocó una solución inesperada (tercer término).

Truco

> Otro acto simbólico consiste en lanzar una hipótesis o una predicción de lo que va a pasar. Por ejemplo, a una paciente alcohólica, le pedí que predijera cada noche lo que bebería al día siguiente y que lo anotara escrupulosamente en una libreta para que comparara, la noche siguiente, lo que en realidad había bebido durante el día. Es una herramienta muy efectiva para modificar un comportamiento compulsivo.

En otra variante, se propone una alternancia temporal con ayuda de alguna herramienta: la tirada de dados o de lo que sea. El día que toca en suertes, el consultante deja de actuar como hace habitualmente (por ejemplo, una estudiante ansiosa, obsesionada por los exámenes, no estudia ese día) y el resto de días actúa como de costumbre.

En lugar de luchar contra una costumbre o una dependencia, el acto simbólico intenta acentuar el problema para poderse liberar de él. Citemos el caso de un hombre que padecía eyaculación precoz al que se le aconsejó que batiera su propio récord de rapidez, amplificando así el problema hasta que desapareciera (en este caso, el paciente fracasó al querer eyacular más rápido ¡y pasó más de media hora intentándolo sin éxito!).

Veamos otro ejemplo: una pareja joven estaba asfixiada por los súper protectores padres de él que querían ayudarlos (económicamente) en todo, ofreciéndoles dinero, servicios, su propia casa, e imponiendo cuatro visitas anuales (de tres semanas cada una). La menor tentativa para librarse de esta dominación pasaba por ingratitud y los sumía a todos en una tensión extrema, hasta que la pareja se sintió sin libertad alguna y buscaron ayuda. ¿Qué se podía hacer?

El acto simbólico consistió en dejar caer sobre los padres todo el peso de la visita: nada de ayudar en la limpieza, en la comida, en nada, alargar la visita más días de lo previsto, acumular ropa sucia, no lavar los vehículos, vaciar los depósitos de gasolina y no llenarlos, sin avisar. Olvidarse del jardín y dejar la nevera vacía. Aunque hubiera que cambiar una bombilla, no hacerlo, con toda la cara dura.

Además de no pagar la cuenta del súper, ni comprar nada, dejar que los padres pagaran la cuenta en bares y restaurantes, las entradas de cine y todo lo que hubiera que pagar... Siempre esperar pacientemente a que sacaran ellos la cartera y hacerse los tontos para no sacarla nunca. En casa, dejar que los platos sucios se acumulen. El joven marido debe leer tranquilamente mientras su pobre padre se hace daño en el garaje, sin mover ni un pelo. De vez en cuando puede moverse para echar un ojo y ver cómo el padre trabaja penosamente, y puede decirle: «Hola, papá, ¿cómo va la tarea?». La cuestión es tener claro que está prohibido hacer la menor alusión a que se necesita libertad. Deben aceptar todo lo que los padres ofrecen, pero sin agradecerlo mucho, como si su ayuda tampoco importara demasiado.

¿Cuál fue el resultado? Por primera vez, los padres les dijeron que ya iba siendo hora de que se buscaran la vida solos. Sin ningún comentario, pero gracias a cortas acciones simbólicas, la pareja consiguió librarse del yugo protector de los padres.

Vamos a ver otro ejemplo de amplificación: una mujer joven estaba acomplejada con su pelo. Desde niña, su madre criticaba sus peinados que, según ella, nunca le quedaban bien. Siguiendo mi consejo, se presentó en una comida familiar en casa de la madre con una gigantesca peluca de varios pisos, ornamentada con piedras de bisutería (estilo siglo XVIII), empujando así la neurosis de su madre hasta el absurdo. Impresionada, la madre no pudo abrir boca y no comentó absolutamente nada.

David era un chico joven con unos comportamientos compulsivos (verificaba cada noche, varias veces, que el gas estuviera cerrado, apagaba todas las luces, comprobaba que los zapatos estuvieran bien alineados, etc.) Le propuse que amplificara las cosas con una serie de actos nuevos: que verificara que los grifos estaban bien cerrados un número de veces ridículamente grande, primero con la mano derecha y luego con la izquierda, que alineara los zapatos cambiando el sentido de las puntas, etc. Exhausto con la cantidad de tonterías que tenía que hacer, David se saturó (era el objetivo) y sus síntomas compulsivos fueron desapareciendo progresivamente.

La cineterapia

Éste es un acto particularmente simbólico. Sigmund Freud ofreció a uno de sus pacientes deprimidos una obra que le puso directamente en las manos. Se trataba de *La alegría de vivir.* ¿Pueden curar la literatura y el cine?

En el mismo sentido, yo aconsejé a un adolescente de quince años, sujeto a crisis de ansiedad (por culpa de su familia rígida y controladora), el siguiente acto simbólico: que viera en el cine o en su casa, varias películas de aventuras, como *En Busca del Arca Perdida, El Señor de los Anillos, La Odisea de Pi,* etc.

Después, comentábamos juntos las escenas clave. Las películas constituyen buenas metáforas de libertad que quisiéramos poder saborear en la realidad y que se convierten en catalizadoras en el proceso de cambio. La psicóloga Mariana de Ruschi, especialista en la utilización de símbolos en terapia, aconsejó a uno de sus pacientes que se fuera una noche a la ópera. Éste se mostró conmovido a lo largo de toda la obra y con muchas ganas de llorar (por lo que pasaba en escena y sus propios sentimientos). Evidentemente, se trata de un alivio temporal y las escenas clave se trabajan en la sesión (con el material que ofrecen los sueños de los días posteriores), pero la película, la obra de danza o la velada de ópera permiten franquear la primera frontera gracias a su poder simbólico.

¡Hacer lo contrario!

En diferentes obras, el escritor Alexandre Jardin[1] describe el particularmente original modo de vida de sus padres y abuelos y el de su entorno próximo. Por ejemplo, Luciano V., su amigo italiano (millonario), tiene filiales de su empresa en América e impone, a todas, el horario de Milán; desembarca en sus oficinas de Manhattan mientras sus empleados se visten por encima del pijama, entre bostezos, a horas intempestivas. Otro amigo de la familia, Léonard de P. es heredero de una fortuna ganada con la química y vive totalmente desnudo, tanto en invierno como en verano, y rehúsa responder a las preguntas tanto de ciudadanos como de periodistas. Incluso la empleada del hogar de los Jardin va siempre en tándem, aunque vive sola, porque espera encontrar al hombre de su vida que le ayude a ascender cuestas...

Si, durante la semana, todo parece estar permitido a los miembros del clan Jardin, el domingo hay un cambio sus-

1. Escritor francés nacido en 14 de abril de 1965. Consultar las novelas que tratan sobre su historia familiar, como *Le Zubial* (Ed. Grasset, París, 1997), *Le Roman des Jardin* (Ed. Grasset, París, 2005).

tancial. Entre semana, se puede andar seduciendo a la gente con total promiscuidad, pero el domingo se impone un puritanismo exacerbado, hasta la madrugada del lunes. Los lujosos libros que se leen comúnmente son sustituidos, los domingos, por libros corrientes, incluso esos que a nadie interesan.

Truco

Hacer lo contrario también significa romper con una actitud repetitiva. Aconsejé a una pareja cuyo hijo adolescente era agresivo que le agradeciera todos los días su actitud, que lo felicitara por ese comportamiento. Normalmente lo criticaban y querían que entrara en razón, con lo cual reforzaban su actitud y el conflicto familiar. Completamente perplejo por la reacción de los padres, cambió también su comportamiento. En otro caso, aconsejé a unos padres excesivamente leales y sacrificados que hicieran lo contrario: que se marcharan a espaldas de toda la familia y que hicieran las cosas por su cuenta.

Entre semana se canta y se toca música, pero los domingos impera el silencio. Adiós a los partidos de bádminton; como mucho se puede ver el fútbol en la televisión. Se puede comer algún *brioche* pero nada de pastelitos deliciosos, rellenos de chocolate. El papel higiénico es sustituido por uno rugoso y desagradable. Hasta los diestros se tienen que volver zurdos.

Pero lo más grandioso es la inversión de los roles sociales: la gente que trabaja para ellos es servida con deferencia por los Jardin, que se visten de camareros, de mayordomos, de cocinera o de chófer. ¿Es esencial cambiar de costumbres? Sin duda alguna.

Veamos un ejemplo: un aspirante a cómico viene a consultarme, esperando tener éxito en su próximo *casting* (contra los deseos de su padre, un hombre conformista y parsimonioso). El chico es muy ahorrador y está acostumbrado a gastar lo mínimo posible, como manda la norma familiar. Le aconsejé que se fuera al *casting* en taxi, como un señor, y que le pagara al taxista 100 euros de más de propina (a poder ser con un billete nuevo y perfumado). Lo cierto es que consiguió el papel. En conclusión, toda ruptura con lo habitual puede producir un cambio.

Como un espejo

Un paciente me contó los problemas que tenía con su padre desde hacía años. Éste se mostraba cada vez más violento. ¿Qué podía hacer? Le aconsejé lo siguiente: que comprara con toda discreción, una grabadora para grabar sus insultos, sus palabras encolerizadas y sus delirios alcohólicos.

Algunos días más tarde, escuchándose en la grabación, el padre fue consciente, por primera vez, de su vergonzoso comportamiento, sintió un gran bochorno y una culpabilidad que le hicieron que se hundiera literalmente bajo el peso de sus errores (por primera vez en quince años) antes de pedir perdón a toda la familia.

La técnica del espejo es una herramienta eficaz para tomar consciencia de las cosas. En este ejemplo, el paciente no hizo reproche alguno a su padre (todos hubieran sido inútiles porque no atendía a razones) y fue necesario recurrir a una iniciativa concreta que le mostrara al padre la amplitud de sus actos, colocarlo frente a sí mismo. Bastaron unas horas para conseguirlo.

Truco

¿Liberador? Pues sí, el acto simbólico tiene la finalidad de evadirnos de las costumbres (y del aburrimiento consiguiente) para reencontrarse con la alegría de vivir y con un placer «infantil». Toma un patinete con los bolsillos llenos de golosinas, salta de un tren, tira confeti desde la torre Eiffel, echa pompas de jabón en un restaurante «elegante», cómprate un billete de avión para viajar al primer lugar que se te ocurra sin avisar a nadie…

Otra paciente, constantemente humillada por su padre entre críticas y predicciones negativas, buscaba una solución. Le pregunté cuál era la frase fetiche de su padre. Me dijo que, regularmente, le gritaba con acritud: «¡No te irá mejor que a mí!». Le propuse que le escribiera una carta con la siguiente frase: «A ti te va mejor que a mí». Nuevamente hemos utilizado el proceso del espejo y, en este segundo ejemplo, hemos devuelto la misma frase a su emisor, tan solo evitando la negación.

Un último ejemplo nos lo ofrece Françoise, una paciente cuya madre, culpabilizadora donde las haya, la agredía verbalmente durante la adolescencia y, mirándola fijamente, le decía, inquisidora: «Si te has acostado con un hombre ¡te lo veré en los ojos!». El acto simbólico consistió en dirigirse a la madre con la misma frase, pero con una negación: «Mamá, si no te acuestas con un hombre ¡te lo veré en los ojos!».

Una pizca de fantasía

¿Qué dirías de un jamón de rana, de una ensalada de rosas confitadas y, de postre, un sorbete de nenúfares? Tomemos el ejemplo de lord Berners,[2] famoso excéntrico inglés: si tenía un humor estupendo, tomaba un almuerzo monocromo que podía consistir en una sopa de remolacha, langosta, ensalada de tomates y frambuesas de postre, todo ello con la bonita imagen de sus pájaros magenta revoloteando por el parque de su inmensa propiedad. Si se levantaba soñador, las comidas estaban llenas de color azul e incluso hacía teñir la mayonesa de color celeste. Harto de tener cada día la misma cara, el famoso aristócrata afirmó con total sinceridad: «¡Mi cara me aburre! Ir por el mundo con la misma cara es como viajar siempre con la misma ropa». Por eso, el conde se ponía una máscara africana en

2. Gerald Hugg Tyrwhitt-Wilson, 14.º barón Berners, compositor y escritor, pintor inglés nacido el 18 de septiembre de 1883 y fallecido el 19 de abril de 1950.

verano, excepto cuando se iba al pueblo de al lado, que se ponía la habitual máscara de cerdo. ¿Que se hartaba de las visitas? Pues invitaba a su caballo o su jirafa a tomar el té en alguno de los salones de su castillo. Té, sí, pero nada de Lemond Tea ni Orange Pekoe ni del tradicional Earl Grey, porque igual lo perfumaba con Chanel n.º 5, como las pastas que lo acompañaban.

5

PENSAR POR ANALOGÍA

Si la idea de proponer soluciones breves y actos de carácter simbólico es bastante reciente, apoya muchos de sus conceptos en los ritos de sociedades primitivas o tradicionales. Abramos una ventana a la humanidad tal y como era hasta hace poco tiempo...

¿De dónde viene nuestra actual fascinación por las sociedades primitivas?

Por «primitivas», «tradicionales» o «reducidas» entendemos sociedades del pasado o del presente que viven en grupos de baja densidad poblacional (desde unas decenas a unas centenas de personas), que subsisten mediante la caza y la recolección, la agricultura o la ganadería de subsistencia, cuyo contacto con las sociedades occidentales no las han cambiado de manera significativa. Desde siempre, estas sociedades recurren a actos simbólicos para asegurar su existencia. Vamos a ver de qué manera.

El principio de similitud

Sin tecnología, en una naturaleza virgen, un grupito de hombres y mujeres no pueden controlar su entorno y menos aún el clima (por muy esencial que sea para la recolección y, por consiguiente, para alimentarse). Los individuos, entonces, recurren a actos simbólicos para asegurarse el sol o la lluvia fertilizante.

Al observar atentamente la naturaleza, perciben la eficacia de un principio: lo semejante atrae a lo semejante.

Zoom

> Así, cuando queremos provocar sequía, tenemos que volvernos «secos» (tener las características y símbolos de la sequía) o, por el contrario, necesitamos volvernos «húmedos» para provocar la lluvia. Cuando estas sociedades operan con símbolos, tienen la sensación (y la certidumbre) de que ejercen una influencia eficaz sobre lo que representan.

Imitar lo que se desea obtener

¿Deseamos en concreto que vengan las lluvias? El acto simbólico consistirá, entonces, en hacer resbalar el agua, reproduciendo la sonoridad de la tormenta y trazando zigzags (símbolo de relámpago) sobre una piedra. Las mujeres del poblado van, de noche (habitualmente desnudas), a regar la tierra, metiéndose en la boca un sorbo de agua y escupiéndolo en el aire. Remojan las hojas de los árboles y las agitan para que las gotas caigan al suelo. Lanzan plumas blancas al aire para imitar las nubes o polvo de cristales de cuarzo para simular el vapor húmedo y transparente.

En otros lugares (sobre el mismo principio), todos los habitantes actúan simbólicamente: comen platos oscuros y llevan vestidos oscuros para imitar las nubes de la lluvia. Escogida entre muchas, una jovencita desnuda es cubierta de hojas y ramas, así como de un velo verde sobre la cara, que personifica la naturaleza, y las mujeres del poblado le van tirando agua por encima. En caso de haber seleccionado a un chico joven, se le cubre de hojas, se le nombra rey de la lluvia y todos los habitantes lo riegan. En Francia, hasta hace poco, en caso de sequía se recurría a un acto simbólico de igual naturaleza: se metía la imagen de un santo en el agua (o su imagen tallada en piedra, sumergida en agua o regada regularmente).

Producir lo semejante a través de lo semejante, *similia similibus,* es el principio de innumerables actos simbólicos, ritos, usos y procedimientos, que suelen coronarse con el éxito.[1]

¿Y si llueve demasiado qué actos simbólicos llevaremos a cabo? Pues los más simples y evidentes: alejarnos del agua, acercarnos al calor, quemar piedras y ramitas de árboles hasta la incandescencia o hasta que surja un arcoíris (como pasa cuando sale el sol mientras llueve). En las regiones muy húmedas, donde llueve en abundancia (como Java), se intenta cesar la lluvia lo más rápido posible: se ayuna, no se beben líquidos, no se duchan, se comen alimentos secos y se prefieren los objetos cuyos nombres evocan sequía.

Para asegurarse el retorno del sol, los habitantes escogen una piedra grande que simbolice el astro rey, la rodean con una cuerda roja engalanada con plumas de aves (que simbolizan los rayos) y la suben a la copa del árbol más alto que encuentran.

En lo que concierne a la fecundidad, se utilizan los mismos procedimientos analógicos: una mujer poco fecunda o

---

1. Cf. Webster, H. y Gouillard, J., *La Magie dans les Sociétés Primitives,* Editions Payot, 1952, pág. 298 ss.

estéril se pondrá la ropa de una mujer que es madre de muchos hijos. En el mismo orden de cosas, cuando una mujer está de parto, se deshacen todos los nudos de la ropa, las trenzas del pelo, los lazos y se abren todas las puertas y tapas de objetos y cajas.

En el Magreb, cuando una mujer está de parto, el acto simbólico es el siguiente: cuatro niños sostienen una sábana blanca en el centro de la cual colocan un huevo de gallina. Van paseando por el pueblo y la gente tira agua sobre el huevo hasta que la cáscara se resquebraja, lo que simboliza el nacimiento del bebé. Al actuar así sobre el objeto, se favorece (por analogía) el proceso humano en curso.

Dado que la mujer encinta evoca los procesos naturales de gestación, suele ser invitada a un campo poco fértil para devolverle la vida. Hombres y mujeres se aparean justo en el momento de la siembra, cuando se acaba de sembrar, incluso en los arrozales (coito nocturno del arroz). En fin, actos simbólicos que buscan una mayor prosperidad y que se llevan a cabo durante las mareas (altas) o en los diferentes ciclos lunares (cuarto creciente, sobre todo). Mecerse es, igualmente, un acto simbólico; por similitud, se da un impuso a las fuerzas de la naturaleza.

Cómo aplicarlo en la actualidad

Vamos a ver un acto simbólico que utiliza este principio. Una paciente acude tras haber roto cualquier relación con su madre (italiana). Según la eficacia de la ley de la similitud, le aconsejé que visitara a su madre vestida con tres colores (verde, rojo y blanco), maquillada con esos mismos tonos (lápiz de labios rojo y sombra de ojos verde y blanca), que son los colores de la bandera italiana. Después, debía regalarle un par de botas estupendas (porque Italia tiene forma de bota). Por primera vez en mucho tiempo, el reencuentro fue bien y la madre se mostró agradable con ella.

Representar como si fuera real

Otro acto simbólico consiste en «representar» lo que se desea como si ya fuera realidad. Esto consiste, esencialmente, en actuar como si el resultado buscado ya se hubiese conseguido, como si el acontecimiento esperado hubiera tenido lugar. Los australianos de Queensland se comportan «como si lloviera» e imitan lo que ocurre cuando cae una buena tormenta; los nagas hacen como si la recolección pesara tanto que sus espaldas no pudieran acarrearla, una esposa estéril lleva una muñeca de trapo que acuna todo el tiempo como si fuera su bebé, afirmando por todas partes que su niño ya ha nacido, etc.

Cómo aplicarlo en la actualidad

El acto simbólico también consiste en concretar un deseo de manera que se favorezca que ocurra. En suma, es comportarse como si ya hubiera tenido lugar (y que nosotros ya hemos vencido los obstáculos que vienen de la familia o de la sociedad).

¿Nos ha programado nuestra familia para tener fracasos sentimentales y/o quedarnos solos? Le presentaremos una persona seductora que les haga un favor en una ocasión determinada. Por falta de dinero (y de lealtad de clase), ¿puede que estemos viviendo en pisuchos infectos con alquileres altísimos? Contactamos con agencias inmobiliarias con la idea de ver las mejores ofertas de la zona, para alquilar o comprar una vivienda. Pero como el inconsciente funciona con imágenes, tenemos que abastecernos de imágenes nuevas para poderlas encarnar en nuestra realidad.

Recordar

> La prefiguración, la anticipación del resultado o del acontecimiento, no es una simple imitación por adelantado de aquello que se desea. Es una acción simbólica eficaz, que asegura la realidad de forma inmediata. Haciendo como si lloviera, los australianos obligan a que la lluvia caiga; los nagas, doblándose por el peso de una cosecha aún no recolectada, hacen que sea realmente abundante. Su manera de actuar parece probarles –a ellos– que existe alguna conexión entre presente y futuro, de manera que se podría decir que el presente afecta al futuro.

Generar imágenes

La imagen es un mediador potente, por eso los individuos de sociedades primitivas dibujan alimentos que desean recolectar sobre el suelo, y/o imitan en grupo sus singulares formas o los comportamientos de los animales que quieren cazar (mamíferos, pájaros, etc.).

Zoom

> Representar un cuerpo es, en cierto modo, tener una influencia simbólica sobre él. Así, cuando un poblado quiere pescado, elabora la imagen de un pez antes de ir a pescar. Y si durante la pesca el anzuelo no es picado, el pescador es capaz de tirarse al agua y hacer de pez que pica, para que uno de verdad pique. Incluso los cazadores australianos atacan la imagen de una presa en un ritual anterior a la partida de caza. En resumen, la imagen permite atraer lo que se desea atraer y, en ciertos casos, liberarse de lo que se desea mantener a distancia.

Cómo aplicarlo en la actualidad

Alejandro Jodorowsky nos da un ejemplo con una paciente que estaba sola desde hacía mucho tiempo y que deseaba encontrar pareja. Él le aconsejó un acto simple: que fuera a un salón de té a comerse un polo de vainilla (cuya analogía con el sexo masculino es clara). La imagen o símbolo de lo que se desea obtener, una vez concretado, permite a lo «real» convertirse en presente, manifestarse.

Un segundo ejemplo ilustrará nuestro propósito: el director de una gran tienda de electrodomésticos vino a consultarme porque los números no le salían. Me dijo que no le gustaban sus clientes, de los que tenía una imagen negativa (los consideraba gente pobre, mal vestida y que, según él, olían mal). Le sugerí que llevara ropa fea y un tanto vieja, que se dejara crecer la barba y que no se duchara al menos en quince días (para parecerse a sus clientes) y luego, que se paseara todo el día así por la tienda. Gracias a esta analogía, sus cifras aumentaron un 40 % al mes siguiente.

El principio de absorción

Ponerse una máscara no es, como nos parece a nosotros, un simple disfraz bajo el cual seguimos siendo los mismos. Una máscara sirve para sufrir una transformación real. La persona que se pone una máscara de pájaro, por ejemplo, se metamorfosea, al menos parcialmente, en ese animal, como el que se envuelve en la piel de un oso o de un lobo y se convierte *ipso facto* en oso o lobo. Recordemos los hombres-pantera y los hombres-leopardo de África occidental.[2]

En los diferentes continentes, los habitantes de zonas salvajes, habitualmente desnudos, suelen tatuarse y llevan por encima la piel, pelos, plumas y hasta las secreciones de ciertos animales, incluso se hacen joyas con dientes de animales que desean poseer para quedarse con sus propiedades intrínsecas. Entre los navajos (en Nuevo México), los guerreros recurren a actos simbólicos: se pintan serpientes por

2. Cf. Lévy-Bruhl, L., *Le surnaturel et la Nature dans la mentalité primitive,* Editions Payot, París, 1931.

el cuerpo o zarpas de osos usando arcilla roja, blanca o carbón. En su cabeza, las serpientes le procuran fuerza y las zarpas de oso los hace bravos y feroces. También se frotan el cuerpo con plumas de águila para tener fuerza.

Zoom

En cierto modo, lo que se aplica al cuerpo es rápidamente integrado por el inconsciente como si formara parte de él. En el África negra, encontramos a menudo la idea de que la piel y el cuerpo son la misma cosa.

Cómo aplicarlo en la actualidad

Cualquiera puede tatuarse un símbolo positivo en alguna parte del cuerpo que tenga debilitada (por ejemplo, un dragón en el tórax si se tienen problemas cardíacos, una rosa sobre una cicatriz, estrellitas en el cráneo si nos quedamos calvos, etc.). Retomemos aquí otro consejo de A. Jodorowsky a un hombre depresivo: que se disfrazara de Superman durante días, incluso que durmiera con él, o que se pintara el cuerpo de colores (en caso de complejos físicos) y saliera a la calle a pasear.

La ley de contacto

Hay otra ley importante para los pueblos indígenas: los objetos que un día estuvieron en contacto (aunque fuera brevemente) mantienen cierta unión a través del tiempo, de manera que actuar sobre uno implica actuar sobre el otro. Se trata de una ley asociativa que nosotros también conocemos: nuestro inconsciente asocia siempre dos cosas entre sí, dos acontecimientos que se desarrollaron al mismo tiempo. Por ejemplo, relacionar la sensación de plenitud con objetos y lugares (el día que llevaba tal vestido y que fui a tal sitio, me lo pasé muy bien).

Cómo aplicarlo en la actualidad

Un amigo me hace una pregunta banal. Apasionado de la pesca, se va mar adentro tras varios días sin pescar nada. ¿Qué puedo hacer? ¿Un acto simbólico? ¿Cómo suele cocinar lo que pesca? Le gusta hacerlo a la sal, con una buena capa de sal gruesa antes de introducir el pescado en el horno. Por tanto, pescado y sal están asociados en su mente, así que bastará con procurarse una cosa para que aparezca la otra. Habitualmente, compra la sal después de haber pescado y yo le propuse que lo hiciera al revés. ¡Lo cierto es que nos comimos un pescado de más de ocho kilos! Lo único que hemos hecho es imitar al cazador tradicional, que se pone en la boca la bala de la escopeta, para que le aporte algo que comer.

Escrutar la realidad

El genio de las sociedades primitivas reside en la observación profunda de las señales emitidas por el entorno, además de estar en permanente vigilancia, buscando siempre lo insólito. Todo tiene un sentido, desde la forma de los árboles o de las nubes hasta la disposición casual de los objetos y las formas. De los acontecimientos normales, de lo que es habitual, no hace falta preocuparse. Pero lo que ocurre excepcionalmente debe tener alguna causa, de modo que la rareza, la extrañeza de un objeto o de su disposición siempre significan alguna cosa: la inclinación de las ramas, los pegotes de lodo que se forman de forma rara, las piedras con venas en formas precisas que recuerdan algo conocido... todo lo que ofrece alguna particularidad extraña basta para constituir una señal.

Para las tribus bolivianas, no importa lo que sea mientras sea extraordinario; no importa si es un grito o un sonido especial, puede constituir una advertencia que sale de las profundidades de la naturaleza.

Gracias a las señales podemos saber lo que está a punto de suceder. Así, al norte de Queensland, en Australia, cuando una visita ha sido particularmente agradable y se vuelve a su casa, se procede con un acto simbólico: se talla, en un árbol de madera blanda, una efigie suya, de tres o cuatro pies de largo, del lado del tronco que mira hacia su casa. Observando el estado del árbol (si pierde las hojas, si el viento lo tuerce, etc.), los indígenas saben cómo se encuentra su amigo, si está sano y salvo, si las cosas le van bien...

Cómo aplicarlo en la actualidad

Por la noche, antes de dormir, relájate y repasa mentalmente los acontecimientos del día, escena por escena, en orden cronológico. Te darás cuenta de que hay una serie de pequeños detalles que generalmente pasan desapercibidos. Son

Zoom

En nuestro mundo llamado «civilizado», desde el siglo XX, un joven biólogo austríaco llamado Paul Kammerer[3] se interesó por las señales y empezó su propia colección. Banalidades: nombres y cifras idénticos que se encuentra en un mismo día, cartas parecidas que recibe de diferentes remitentes, sueños de distintas personas que evocan cosas parecidas. Anotaba todos los acontecimientos concordantes y clasificaba por género e importancia los puntos comunes. El biólogo se pasaba horas así en los bancos de los parques, observando a los viandantes, sus particularidades, su ropa, los objetos que portaban y así actualizaba los grupos y observó un fenómeno problemático más conocido bajo el nombre popular de «ley de las series».[4] S. Freud[5] hizo un comentario interesante al respecto.

detalles que tu consciencia no ha retenido en su momento. Haz el ejercicio contrario: desde el final del día hasta el principio. Este ejercicio permite distanciarse un poco de lo vivido: el día parece desarrollarse, entonces, como una película

3. Biólogo austríaco nacido el 17 de agosto de 1880 en Viena y fallecido el 23 de septiembre de 1926.
4. Fenómeno puesto de manifiesto por el biólogo Paul Kammerer.
5. Sigmund Freud, médico vienés fundador del movimiento psicoanalítico, nacido en 1856 y fallecido en 1939.

a la que asistimos como espectadores. Si se hace regularmente, este proceso de observación te permitirá tomar decisiones tras haber estudiado las señales (emitidas por lo real).

¿Un acto simbólico? Toma ejemplo del magnate griego Aristóteles Onassis[6] que, siempre atento a las señales, sólo contrataba a una nueva secretaria un día que hiciera muy buen tiempo, o que sólo hubiera tenido buenas noticias o cuando la bolsa estaba a su favor... en definitiva, cuando todas las señales ponían la luz en verde, consideraba que todas las elecciones y decisiones serían positivas.

La sustitución

Observar con agudeza las diferentes señales emitidas por lo real, sin olvidar los elementos recurrentes contenidos en los sueños personales (y colectivos), permite anticipar los acontecimientos futuros mucho antes de que sucedan, para poder solucionar algunas cosas, en ciertos casos.

Con gran intuición, las tribus comprendieron que el único medio de oponerse a ciertos acontecimientos era «representarlos» a través de un acto simbólico. Si un indio tiene un sueño que sin duda le parece premonitorio (su casa se quema), no espera a que pase: a la mañana siguiente prende fuego a la pequeña tienda que ha hecho para la oca-

6. Aristóteles Sócrates Onassis es el más célebre armador griego del siglo XX y una de las personalidades más punteras de la vida pública internacional, de la década de 1950 a la de 1970. Nació en Smyrna en 1906 y murió el 15 de marzo de 1957 en Neuilly-sur-Seine.

sión. La acción de lo que está por venir ya no debe temerse. Se ha agotado con anticipación. Lo haremos nosotros mismos, más o menos completamente, con un acto contrario. Por ejemplo, cuando en un sueño nos veamos tocados por el infortunio, tendremos que ejecutar el sueño lo antes posible y lo mejor que se pueda. Sustituiremos el destino amenazador por un equivalente. Hacemos que las cosas sean reales antes de tiempo y así las sorteamos: ya ha pasado y no va a volver a suceder. Entre los indios de Nueva Francia, uno soñó que lo atrapaban los enemigos y lo torturaban; al día siguiente pidió a sus amigos que agarraran un palo y le infligieran tormento, simbólicamente.

Cómo aplicarlo en la actualidad

Imaginemos que nuestra familia hace unas predicciones: «Acabarás en la calle», «En casa todos morimos jóvenes», «Aquí las mujeres sobrevivimos siempre a los maridos». En el primer caso, como en las sociedades primitivas, ponemos en escena la predicción gracias a un acto simbólico: nos vestiremos de indigentes e iremos a mendigar a la calle tantos días como años tengamos. En el segundo caso, nos haremos imprimir tarjetas de visita en las que, debajo de nuestro nombre, pongan «prematuramente fallecida a los veinte años» (un año menos del que tengamos) y las repartiremos por la calle o las meteremos en los buzones del barrio. En el tercer caso, la mención será cambiada por «Viuda tal, viuda cual». El miedo a ser víctima de un accidente puede dar lugar a otro acto simbólico, como meterse debajo de un vehículo previamente rociado con colorante rojo a modo de sangre, por ejemplo.

Rituales de renacimiento

Existen rituales de renacimiento en el seno de todas las comunidades indígenas, tanto en Oriente como en América. Por ejemplo, en el caso de la adopción de un bebé, niño o adulto, éste debe pasar entre los muslos de su futura madre, imitando el verdadero nacimiento y, cuando emerge de entre las piernas, recibe los aromas de los miembros del clan. Y si se trata de un hombre que muere y renace, deberá volver a pasar por un ritual de nacimiento (en este caso, deberá pasar una noche en una tina llena de agua grasienta, que recuerde las aguas del útero materno) para recibir sucesivamente los sacramentos del nacimiento, la pubertad, etc.

Cómo aplicarlo en la actualidad
Hoy en día se pueden llevar a cabo estos mismos actos simbólicos. Si nuestra madre nos dio a luz con dificultad (o si nos parió con demasiada rapidez), podemos utilizar este ritual de renacimiento. También puede emplearse tras un acontecimiento traumático, o en caso de depresión persistente. Estudiaremos una variante en el capítulo 10.

Los rituales de purificación

En general, para purificarse, las tribus recurren a diversos actos simbólicos con propiedades desinfectantes (en el sentido místico) de agua y de fuego. Para empezar, se limpian bien los lugares, a veces cambiando todos los objetos, rompiendo o quemando los antiguos. Después vienen los actos simbólicos para purificarse a uno mismo: se echan al fuego vestidos y complementos antiguos para vestirse con ropa nueva. Con una escoba hecha de hojas remojadas en agua de arroz o con agua de algún río o manantial, se lava el cuerpo. Hay que lavarse todo el cuerpo de manera repetida; las tribus que viven cerca del mar pueden hacer abluciones en él, porque así se despegan del cuerpo las impurezas físicas y morales. En otros casos, se procede a baños de sudación (baños de vapor muy calientes).

Cómo aplicarlo en la actualidad

Las prácticas de purificación son universales; podemos inspirarnos para liberarnos del pasado (se dan ejemplos detallados en el capítulo 8). También podremos optar por tales actos simbólicos cuando tengamos una cita importante, incluso decisiva: en una primera cita hay que ir vestido con todo nuevo, hasta los complementos, para que nada recuerde a relaciones anteriores. Lo mismo puede decirse de una entrevista de trabajo.

Adquirir fuerza

Se pueden desarrollar otros actos simbólicos destinados a desarrollar la fuerza o adquirirla cuando no se tiene. En este sentido, me parece interesante el ejercicio propuesto por A. Jodorowsky: él sugiere que demos órdenes a cosas que van a pasar de todos modos, de manera natural. Por ejemplo, levantarse antes de que amanezca, y justo antes de que salga el sol por el horizonte, gritar: «¡Ordeno que salga el sol!», o apenas caiga una gotita de agua de un cielo gris, gritar: «¡Ordeno que comience a llover!».

En plena ciudad, se puede pasar por una calle con mucho tráfico y, cuando el semáforo se ponga en verde, gritar: «¡Ordeno que los vehículos circulen!» y si en el trabajo un jefe se pone borde, pensar: «¡Ordeno que el jefe se ponga borde!». De este modo se va desarrollando la confianza en uno mismo y, al cabo de cierto tiempo, funcionará el principio según el cual la realidad puede obedecerte. La realidad te obedecerá.

6

LOS ACTOS SIMBÓLICOS EN LA PRÁCTICA

EL PODER DE SIMBOLIZACIÓN

Para las sociedades llamadas primitivas, y también para las modernas, una imagen (o una fotografía), un maniquí, una ropa, una joya, un perfume, poseen poder simbólico. Vamos a ver cómo utilizarlos.

En un juego de rol, o en un psicodrama, toda persona experimenta reacciones profundas (alegría, tristeza, etc.) cuando se encuentra frente a hombres o mujeres –normalmente desconocidos– que interpretan a los miembros de su familia. ¿Por qué razones? Porque el inconsciente da a los símbolos y a las metáforas el mismo valor que a los hechos reales.

Fotografías y máscaras

Incluso un ligero parecido puede desencadenar fuertes sentimientos proyectivos y, en presencia de personas con aspecto físico parecido a nuestra madre, padre, hermanos o hermanas (por rasgos de la cara, color de pelo o de ojos, expresión facial, gestos y posturas), nuestras emociones se amplifican.

Recordar

> El terapeuta estadounidense Joël Bergman (del Instituto Ackerman) propone a sus pacientes que expresen sus sentimientos delante de fotografías de otros miembros de la familia porque es más fácil hablar a una foto que a la persona propiamente dicha.

A veces emergen emociones vivas, incluso apasionadas, resentimiento sin fundamento o rechazo inmediato.

Cómo utilizarlos

Una mujer joven cuya madre murió hace muchos años se siente muy triste con su ausencia. Le propuse que se masajeara el cuerpo con la fotografía de su madre, tantos días como años tenía ella y, después, que metiera otra foto de la madre en una botellita de perfume, para perfumarse el cuerpo, la ropa y el cabello por la mañana, al mediodía y por la noche. Así se recreaba el contacto simbólico.

En cuanto a las máscaras, como en el teatro, se pueden fabricar a partir de una foto de la cara de ciertos miembros de la familia, preferentemente de los padres o los hermanos, en la medida en que nos sintamos bajo su influencia y/o identificados con ellos. Con ella, nos podemos ir a un lugar público durante una hora, por ejemplo, con la máscara de la madre, y al día siguiente con la del padre y al otro con la de un hermano/a (particularmente si se trata de un hermano/a dominante en tanto que preferido por los padres). Al final hay que quemar las máscaras empleadas.

El dibujo-solución

¿Cómo deshacerse de una dificultad? Materializándola. Un simple dibujo permite enviar un mensaje negativo, violencia física y/o verbal a su autor, concretando lo que nos hace sufrir:

«He dibujado esta mano que me toquetea mis cositas y te la devuelvo porque es tuya», dijo el niño a su padre abusador, tendiéndole el dibujo de una mano, realizado con colores.

Este acto simbólico conmocionó al progenitor, que fue consciente de su asquerosa actitud perversa: el dibujo reemplazó mil explicaciones.

Truco

En el mismo sentido, te propongo que tomes un lápiz para dibujar la situación presente (o de alguna vivencia de la que te quieras liberar). ¿Qué pasa cuando la dibujamos? Aparecen las emociones, encuentran un medio de expresión y se toma distancia de los acontecimientos. Después, es interesante hacer un segundo dibujo (el de la solución al problema) con lo que te gustaría cambiar u obtener.

El objeto liberador

No importa el objeto que escojamos para llevar a cabo un acto simbólico. Podemos materializar en forma de piedra, de serrín, de cadena, de baratija, etc. el dolor que nos han provocado determinadas relaciones afectivas. De igual modo, una persona con la que nos hemos mostrado poco amables, e incluso incorrectos, puede devolvernos sus sentimientos heridos en forma de un objeto que ella escoja.

Aunque elemental, el objeto posee el poder de la simbolización, de manera que permite liberarse de una situación no resuelta; por ejemplo, una simple conchita dejada por las olas del mar (que representa a un feto) podrá simbolizar el embarazo que no se llevó a término y puede curar una herida emocional.

Ciertos objetos están más especialmente asociados a nuestras propias vivencias, y el acto simbólico consistirá en reutilizarlos con sentido liberador. Pensemos, por ejemplo, en el uniforme que estuvimos obligados a utilizar en la infancia, a unos zapatos que nos apretaban, a una cartera que pesaba muchísimo, a ropa que nos daba vergüenza llevar, a las tijeras con las que nos cortaban sistemáticamente el pelo que queríamos dejar crecer, a la ortodoncia que nos desfiguraba la cara, a la cama en la que nos obligaban a dormir con otra persona, al cinturón con el que alguien nos pegaba, al deporte que nos obligaban a hacer (bici, tenis, etc.).

El maniquí que sustituye al cuerpo

En ocasiones, una simple fotografía o un dibujo resulta insuficiente y necesitamos concretar un cuerpo (de un miembro de la familia, por ejemplo). El acto simbólico incluirá, entonces, un maniquí que responda a tres casos: uno de los progenitores es desconocido, así que modelaremos una escultura de tamaño natural para hacerlo tangible. En el segundo caso, un padre (o madre o hermano/a) murió en condiciones delicadas (suicidio, por ejemplo) y su cuerpo resultó dañado. Lo restauraremos simbólicamente. En un tercer caso, el maltrato por parte de los padres ha sido tan importante que necesitamos un acto catártico para liberar la ira que llevamos dentro, como hacer o conseguir un cuerpo que simbolice al padre o la madre, por ejemplo, un maniquí de plástico.

Un poquito más

Una variante consiste en reenviar objetos (o su réplica) a su destinatario, o incluso destruirlos: machacarlos o quemarlos. También podemos sublimarlos dándoles color, cromándolos o creando una escultura con ellos.

¿Cómo utilizarlo?

Veamos un ejemplo del segundo caso: un paciente, cuya madre ha muerto, vino a consultarme porque, tras su pérdida, se sintió muy deprimido (la madre sufrió un cáncer de mama y, tras una negligencia médica, la radioterapia la quemó por dentro). Le aconsejé que consiguiera un busto femenino (de plástico, con unas mamas voluminosas y de color carne, como los que se usan en los escaparates de ropa interior para señoras). Una vez en casa, debía escribir en el busto el nombre de la madre y pintarle las mamas de color dorado, poniéndole al cuello un collar lujoso que habría comprado ex profeso. Tras este acto restaurador, el consultante conoció a una nueva amiga.

La ropa y los complementos

Ropa y complementos se emplean aquí para simbolizar un período decisivo de nuestra vida (en general, la infancia o la adolescencia), o para desidentificarse de uno de los padres.

¿Cómo utilizarlos?

Podemos liberarnos de la influencia de recuerdos sensibles (incluso traumáticos) volviendo simbólicamente al pasado. ¿Qué hay más simple que vestirse con ropa similar a la que llevábamos en la época de los hechos? Ésta tiene el poder de transportarnos en el tiempo. Vestidos como niños o como adolescentes de la época, podremos revivir algunas situaciones clave o uno de nuestros «días tipo» con ayuda de alguien que interprete el rol de padre o de madre. Simplemente cambiaremos la escena o el resultado final (que, en esta ocasión, será positivo). Al final del acto, los elementos del disfraz se quemarán o se enterrarán bajo un árbol frutal.

Gracias a los vestidos, podremos deshacernos de la identificación con uno de los progenitores. Se lo aconsejé a una paciente de cuarenta y tres años, hija única de una madre particularmente posesiva. En ese caso, trató de vestirse exactamente igual que su madre, con sus zapatos de tacón y, para que la identificación fuera más completa, le aconsejé que se pusiera ropa interior como la de su madre. También debía llevar el perfume de la madre y su mismo peinado, durante un número de días igual a su edad. Luego, se tenía que apilar la ropa y los complementos y quemados. La técnica consiste en la materializar voluntariamente a la madre (ritualizándola) para sustraerse de manera definitiva.

En otra ocasión, aconsejé a un paciente dominado por su madre, que imprimiera cinco fotografías con la cara de ésta, a tamaño natural, y que los colocara, una encima de otra, y que cada semana fuera quitando una. Al final del acto, voluntariamente gradual, se sintió liberado de su asfixia materna.

Truco

> Para liberarse de un ego demasiado afirmado (un narcisismo exacerbado debido a la sobreprotección o a la indiferencia de los padres), un acto simbólico puede consistir en darle suficiente dinero a un amigo para que nos renueve el armario, de manera que la ropa no refleje nuestro propio gusto. Otra variante consiste en realizar siete máscaras de la propia cara, ponérselas todas a la vez e irse quitando una a una, hasta que aparezca la propia cara, esta vez pintada de oro para la ocasión.

Pero cuando, por el contrario, tenemos un sentimiento de abandono por parte de unos padres indiferentes, ausentes o que nos rechazaron, imprimiremos sus caras en ropa que llevaremos día y noche, por un período no inferior, en días, a la edad que tengamos. Si los padres están divorciados, se necesitará una prenda para cada uno, de color diferente (para la madre un jersey, para el padre un pantalón), de manera que se puedan vestir al mismo tiempo. (y llevarlos simbólicamente unidos).

Las propiedades de los billetes

En la sociedad actual, el dinero nos permite asegurarnos las necesidades esenciales. Un acto simbólico puede ayudar a calmar la falta de confianza en uno mismo o los sentimientos depresivos: consiste en frotarse todo el cuerpo desnudo, delicadamente, cada noche, con un billete de 200 o de 500 €, perfumado, prestado o donado por los padres (o en su defecto por alguien querido o admirado).

Por otra parte, según el principio de similitud, una imagen contiene el principio esencial de su fuente y la fotocopia en color de un billete de banco posee, inconscientemente, el mismo valor que el original.

El miedo a que nos falte el dinero es el que más abunda. Para combatirlo hay un sencillo acto simbólico: fotocopiar tantos billetes como podamos, hacer un fajo y llevarlo siempre con nosotros.

La incorporación simbólica

El escritor Pierre Rey da fe de un acto de incorporación completamente espontáneo: «En un aula de la escuela donde fui cuando era niño, destacaban grandes planchas de cartón consagradas a nuestras colonias, su geografía, su economía, sus culturas. Eran tan realistas que incluso había pegados unos vasitos con auténticas vainas de cacao. Yo hacía mucho tiempo que no comía chocolate. Loco de deseo por comérmelas, me armé de valor tras meses de duda, y me dispuse a comerme el contenido de las vainas, cosa que me llevó varias semanas. Recuerdo haber sentido que me comía África entera simbólicamente».[1]

Zoom

Recordemos el famoso maniquí de azúcar colocado sobre un lecho de rosas y acarreado por tres hombres antes de ser degustado por los prestigiosos invitados del baile surrealista (1972). Es posible incorporar una situación, un país, una persona, de manera simbólica a fin de dominar el miedo que nos suscitan. Este principio puede ser aplicado cuando las figuras paternas se han mostrado críticas, maltratadoras o amenazantes (abusos, castigos físicos, etc.). Para liberarse, una solución consiste en absorberlos, de manera metafórica, por ejemplo, quemando sus imágenes y tragándose una pizca de las cenizas. Es el mismo principio que el de la medicina homeopática, aplicada aquí al plano psicológico.

---

1. Rey, P., *Une saison chez Lacan, op. cit.*

Lugares que tienen sentido

La mayor parte de los actos liberadores se realizan en lugares escogidos por su simbolismo. Por ejemplo, los edificios altos se priorizan cuando se trata de librarse de las influencias paternas, porque los rascacielos ofrecen la analogía del sexo masculino. Todos los lugares con agua (ríos, lagos, el mar) presentan una analogía con el arquetipo materno, ya que emulan las aguas uterinas. De igual modo, grutas, cuevas, cavernas y minas son una metáfora del vientre materno (donde podremos depositar los símbolos que nos parezca).

La naturaleza, en general, suele evocar al inconsciente un lugar virgen, libre de toda influencia paterna o materna o familiar. Las ciudades desconocidas simbolizan la novedad, lo desconocido; los barrios populares con identidad de clase tienen que ver con los orígenes (o con su contrario).

Parece que llevar a cabo un acto simbólico inicia una extraña relación entre la intención individual y el mundo exterior. Una alquimia sensible parece que tiene lugar para facilitar el proceso: lo que creíamos imposible de conseguir nos lo facilita una persona, espontáneamente, o un lugar que parecía cerrado a cal y canto se abre ese día, etc.

Las cifras clave

Ciertas direcciones (calles, pasajes, avenidas) se escogen en razón de su nombre, porque se relacionan con significantes familiares (nombres de la familia, por ejemplo) cuya numeración podrá, del mismo modo, devolvernos a una edad específica (como el número nueve a los nueve años).

¿En qué momento se debe realizar un acto simbólico? Para algunos, la fecha no tiene importancia; para otros, los aniversarios son muy simbólicos (nacimiento, matrimonio, etc.) y se priorizan (para padres, hermanos y demás familiares). Sabemos que en la capa más profunda del inconsciente hay números clave, particularmente nuestra fecha de nacimiento y los años decisivos que se corresponden a acontecimientos que nos marcaron.

Truco

La duración del acto simbólico puede ser en función de la edad actual, de una edad anterior que fue decisiva (menstruación, primera experiencia sexual, nacimiento del primer hijo, pérdida o trauma, duelo...). Esas edades son metafóricamente integradas al acto; por ejemplo, si los padres se divorciaron cuando teníamos dieciocho años, la duración del acto simbólico podrá ser de dieciocho horas, dieciocho días o dieciocho semanas. Otros actos se prolongarán nueve horas, nueve semanas o nueve meses.

7

LAS FUENTES DE PROSPERIDAD

¿Éxito y prosperidad tienen su origen en la historia familiar? Veamos cómo beneficiarnos de ellos gracias a actos simbólicos.

Sea cual sea la naturaleza de las relaciones con los miembros de nuestra familia, sus profesiones, sus actividades, incluso sus vocaciones, los representan de una forma neutra. Podemos utilizar los símbolos (elevándonos así por encima de afectos ambivalentes hacia las figuras paternas mismas).

Símbolos paternos

¿Sabías que la madre del joven (y más tarde millonario) Richard Branson[1] fue azafata de vuelo? Sin duda alguna, por eso quiso fundar, treinta años más tarde y con el éxito que ya sabemos, la compañía aérea Virgin.[2] El padre de Paulo Coelho[3] era químico ¿cómo no iba a conseguir el éxito mundial con una novela titulada *El alquimista?*[4] En cuanto a Frédéric Beigbeder,[5] escritor francés de gran éxito, su madre traducía regularmente las novelas Harlequin de Barbara Cartland, para las ediciones francesas.

---

1. Hombre de negocios inglés, nacido el 18 de julio de 1950.
2. Virgin Airways, compañía aérea transatlántica.
3. Escritor de nacionalidad brasileña nacido el 24 de agosto de 1947 en Río de Janeiro.
4. Novela iniciática de éxito internacional.
5. Escritor francés nacido el 21 de septiembre de 1965. Cf. su opus autobiográfico titulado *Un roman français*.

Debes saber

¿Y si nuestros padres, más allá de sus caracteres personales y sus actitudes, se caracterizaran por sus actividades? Éstas pueden constituir recursos, siempre que emplees sus símbolos de manera creativa. Te propongo un refrescante recopilatorio de soluciones exprés.

Los símbolos del padre

Pierre, un paciente de cuarenta años, no consigue tener un hijo con su mujer. En el plano médico, todo va bien. Le pregunté por la profesión del padre: trabajó en la perforación de pozos petrolíferos. Entonces, mi consejo fue el siguiente: «Ve a tu mujer los días fastos y aparca el vehículo en una gasolinera bien grande. Tapa las ventanillas y apareaos tres noches seguidas dentro del vehículo», su esposa quedó embarazada al mes siguiente. En este caso hemos reutilizado los símbolos clave de la actividad del padre (petróleo/gasolinera), dado que, para el paciente, era el primer símbolo de virilidad conocido.

Sylvie tenía el mismo problema. Recientemente casada, ella y su joven marido no conseguían un embarazo después de un año de relaciones sexuales controladas y seguidas. Precisó que su padre, proveedor de artículos alimenticios, vendía ancas de rana a los restaurantes. Mi consejo fue el siguiente: «Cómprate unas mallas verdes fluorescentes y una camiseta de color verde y haz el amor con esa ropa puesta. Usa esa ropa sólo para el sexo y, preferiblemente, los días de lluvia y de luna llena. Busca una música que contenga el croar de las ranas y ponla para los encuentros amorosos». Dos meses más tarde quedó encinta. Nuevamente unimos los símbolos de la actividad paterna con un poco de teatralización.

En el tercer ejemplo, se trataba de una mujer joven, Muriel, cuyo padre trabajó mucho tiempo en África, continente que adoraba. Ella estaba buscando empleo. Mi consejo fue: «En tu próxima entrevista de trabajo, luce una piel muy bronceada, píntate las plantas de los pies con ceras negras y cómprate una chaqueta o abrigo que imite la piel del leopardo». Tres semanas más tarde encontró un empleo como comercial.

Otro paciente, Thierry, tuvo muchas entrevistas de trabajo. Su padre, un hombre frío y agrio, era profesor de matemáticas. La víspera de su próxima entrevista de trabajo, le aconsejé que se comprara un libro de matemáticas y un rotulador: «Antes de ir, desnudo en el cuarto de baño de tu casa, te escribes fórmulas matemáticas por todo el cuerpo (entre ellas las de Einstein). Desde el cogote hasta los tobillos y muñecas, el tórax, el abdomen y las extremidades. Luego te vistes y te vas a la entrevista de trabajo. Así serás seleccionado». Y eso fue lo que pasó gracias al poder transmutador de los diferentes símbolos paternos.

Pascal, un paciente que quería progresar en el ámbito profesional, jamás conoció a su padre. Fue fruto de un amor veraniego durante unas vacaciones de la madre. Lo único que sabía es que su padre era de nacionalidad griega. Le aconsejé: «Ve a matricularte en un curso de griego, y asiste, por lo menos, tres veces a la semana, hasta que seas capaz de hablarlo más o menos bien». Entusiasmado, Pascal se apuntó a clases de griego y la lengua le pareció muy interesante. Poco después se promocionó profesionalmente.

Los símbolos de la madre

Vamos a ver algunos ejemplos relativos a la madre y su profesión y cómo integrar sus símbolos.

Joëlle buscaba trabajo. Quería llevar a cabo un acto simbólico. Le pregunté por la profesión de su madre. Ésta había sido peluquera. Mi consejo fue: «Redacta todas tus peticiones de trabajo desde una peluquería, escoge la más elegante que encuentres. Si no tienes medios para pagarte ese tipo de salón, pide sólo un lavado. Cierra los sobres con laca extrafuerte y mételos en el buzón más cercano a la peluquería». Los símbolos maternos la llevaron al éxito.

Los símbolos de los abuelos

Cuando los abuelos han sido personajes dominantes en la familia, pueden representar recursos para nosotros, aunque parecen más delicados de utilizar (dado que han suplantado a los padres en el papel educativo o han impuesto al resto de la familia o han mantenido a todos con su dinero o han sido los guardianes de secretos familiares...). Me viene a la cabeza una mujer joven que tenía reticencias, por no decir un claro bloqueo moral, para sacarse el carnet de conducir (su abuela, bailarina profesional, había viajado mucho y estuvo bastante distanciada de sus hijos, negándose sistemáticamente a revelar quiénes eran los padres). Le aconsejé a esta chica que fuera a las clases de la autoescuela, y se presentara después al examen, vestida y maquillada como una bailarina (llevando las zapatillas de danza en el bolso). Eso venció sus reticencias y le permitió conseguir el permiso.

Testimonio

Alexandre es soltero y desea con toda su alma encontrar a una mujer. Le pregunté por la profesión de su madre y me dijo que trabajaba en una perfumería. Éste fue mi consejo: «Abre un perfil en un sitio de citas. Luego compra tres botellas de perfume femenino, de marcas diferentes, cuyas fragancias te resulten muy agradables. Selecciona tres chicas para una primera cita y a cada una de ellas le regalas un perfume de los que compraste». Y así fue como Alexandre encontró a una compañera.

Los símbolos de la fratría

Las elecciones profesionales de hermanos y hermanas también pueden ser un recurso para nosotros, independientemente de la relación que tengamos con ellos. Siempre que usemos los elementos de manera metafórica.

Nuestra paciente se llama Marielle y busca a su alma gemela. Le pregunto por las profesiones de su familia. Precisó que su hermana era artista y que pintaba cuadros. Le aconsejé lo siguiente: «Encárgale a tu hermana un retrato tuyo, lo más decorativo posible, con toques de color oro. Se lo pagarás como puedas y luego lo colgarás en tu salón. ¡Y prepárate para conocer a alguien inmediatamente después!». Eso fue lo que pasó gracias a la restauración de los lazos con su hermana.

Lionel quería cambiar de empleo y quiere conseguir un puesto como manager en una empresa de prestigio. Tenía una entrevista a la semana siguiente, en la que iban a ser particularmente selectivos. Como en un momento dado me habla de su hermano, aprovecho para preguntarle a qué se dedica éste y me dice que conduce un taxi en París.

Mi consejo fue: «De aquí a la semana que viene, con ayuda de un mapa, memoriza el mayor número posible de calles de París. Después, para ir a la entrevista, toma un taxi y, después de pagar la carrera, añade una propina fenomenal. Eso debería funcionarte». Y sí, porque consiguió el trabajo de sus sueños.

Símbolos metapersonales

También podemos inspirarnos en figuras extraparentales que constituyan fuentes de inspiración y soluciones para nosotros.

Nicolas es bailarín pero su madre se opuso totalmente a esta profesión y nunca lo apoyó. Le pregunté quién era su modelo como bailarín y me dijo que era Rodolf Nureyev.[6]

«En los próximos días, te subirás a un tren cuya ciudad de destino empiece por la letra «V», te meterás en el vagón 17 y, durante el trayecto, escribirás tus cartas de candidatura». Le aconsejé esto porque la madre de Nureyev lo alumbró en un tren exprés en dirección a Vladivostok, un famoso 17 de marzo de 1938. Y así fue como lo contrataron en una compañía de danza, dos meses más tarde.

Debes saber

Recordemos el fabuloso destino de la cantante francesa Mireille Mathieu, cuyo padre era vigilante de un pequeño cementerio de Aviñón. Éste se dedicó durante muchos años a cuidar de la tumba de una dama de compañía de la reina María Antonieta. En el momento que la cantante reveló este detalle en una autobiografía, la cantante fue agasajada como una reina con los mayores honores de las cortes europeas.

---

6. Estrella rusa de danza, director del ballet de la Ópera de París, nacido el 17 de marzo de 1938 y fallecido el 6 de enero de 1993.

Otro paciente, Romuald, era estudiante de arte dramático. Como su actor favorito era Yves Montand,[7] le sugerí que visitara regularmente su tumba con un regalo cada vez. En las tribus primitivas, como acto simbólico, los hombres jóvenes duermen sobre la tumba de algún personaje relevante, de vez en cuando.

7. Su verdadero nombre era Ivo Livi, actor de origen italiano nacido el 13 de octubre de 1921 y fallecido el 9 de noviembre de 1991.

8

ACTOS LIBERADORES

Descubramos soluciones exprés para liberarse del peso del pasado, de eventuales sentimientos de culpabilidad, de complejos, de autocríticas, del miedo al presente (y al mañana).

Las acciones aquí propuestas constituyen experiencias decisivas. Todos conocemos este tipo de sensación alguna vez en la vida, como un hito temporal: con un antes y un después.

Liberarse del fracaso

El sentimiento de fracaso suele estar inducido por críticas regulares que emanan de los padres, destiladas desde la infancia de manera sutil: «Ya ves, nunca vas a llegar a nada», «Si es que no se puede confiar en ti», «¿Pero a ti quién te va a creer?», «No vales para nada», «Si tú no sabes hacer la O con un canuto», «Pero ¿quién te has creído que eres?», «No se puede vivir de arte y tú menos, que no estás dotado», «Te crees que eres Colón, pero ese, al menos, descubrió algo», etc.

Para deshacerse de la autocrítica y de ideas de desprecio (de carácter obsesivo), se escribirá sobre etiquetas adhesivas el mayor número de horrores que hayan dicho sobre nosotros. Por ejemplo, gandul, aprovechado, golfo, imbécil, egoísta, descerebrado, idiota, inútil, etc. Las etiquetas se pegarán por todo el cuerpo, incluso en la cara, y saldremos a la calle a pasear un buen rato. De vuelta a casa, despegaremos las etiquetas, haremos con todas ellas una bola y las tiraremos a una papelera pública, tras haberse acariciado el cuerpo y perfumado convenientemente.

Debes saber

> El acto simbólico consiste en devolver el mensaje negativo a su emisor (como mandarle una caja con todas las críticas que nos ha hecho escritas en papel higiénico, con un comentario que diga: «Esto te pertenece») o bien transformándolo en su versión positiva. Por ejemplo, a una madre que se ha regodeado diciéndonos: «No vales para nada», le enviaremos, tantos días como años tengamos, un mensaje con letras doradas que diga: «Tú vales mucho», o a un padre que nos ha repetido durante años «Nunca llegarás a nada en la vida», le reenviaremos el mensaje con una gotita de sangre, que diga: «Tú lo conseguirás todo en la vida». Si los padres han muerto, se les llevará el mensaje a la tumba.

Por sorprendente que parezca, a veces hay que liberarse del deseo de perfección habitualmente creado (o impuesto) por la familia, desde la infancia, y aquí presentamos unos cuantos actos simbólicos para solucionarlo: llevar en público dos zapatos diferentes, ropa que no combine o incluso sucia, un peinado horrendo y pasado de moda, crear objetos supuestamente artísticos lo más feos posibles y enseñárselos a todo el mundo exclamando que, tras años de práctica, ahora te sale de maravilla, llegar treinta minutos tarde a una cita o cometer pequeños errores sistemáticos en el trabajo, dar un traspiés voluntario en un gran supermercado y caerse de bruces delante de todo el mundo, etc.

¿Cómo son las ideas y la visión del mundo heredadas de la familia (y más ampliamente de la clase social)? Inevitablemente son limitadas, rígidas e incluso caducas, entrañan comportamientos, sentimientos y deseos que, sin ser realmente nuestros, nos impiden vivir plenamente.

¿Podemos ponerle remedio mediante un acto simbólico? Sí. Para ello nos sentaremos desnudos delante de un escritorio y escribiremos en papel todas las ideas que tenemos sobre el mundo y sobre nosotros mismos. Escribiremos definiciones, preceptos religiosos, órdenes sobre lo que hay que hacer y lo que no, opiniones políticas, verdades que nos parecen universales: «Marx tenía razón», «Las mujeres son superiores a los hombres», «Mi padre todo lo sabe», «Nuca se gana en los juegos de azar», «No comprendo las matemáticas», «¡Hay que ser realista!», «En la vida cada palo aguanta su vela», «La vida es una jungla», etc.

Cuando hayas agotado todas las ideas y creencias que se te pasen por la cabeza, quema las hojas escritas y diluye las cenizas. Con la pasta formada, frótate la cabeza y la cara. Luego date una ducha, enjabónate siete veces y después paséate una hora por la calle, con un sombrero o gorro nuevo (que simboliza la mente).

A fin de liberarse del sentimiento de pertenencia a una clase, que se oye continuamente en frases como «Yo soy de clase obrera», «Pertenecemos a la pequeña burguesía provinciana» o «Tenemos sangre azul porque somos nobles desde tiempos inmemoriales», habrá que vestirse de aristócrata, de obrero, de director, de empleado raso, etc., para relativizar el uso y las costumbres de la clase social a la que se pertenezca. Como un estudiante de etnología, experimentaremos actividades contrarias a nuestros propios valores de clase (por ejemplo, picnic de dominguero, patinaje sobre hielo o camping si somos burgueses; conciertos y exposiciones si somos obreros).

Truco

> Una variante consiste en llevar un peso grande al principio del acto, luego quitar parte del peso en mitad del acto y acabar con un peso ligero. Metafóricamente, el peso se va aligerando poco a poco, de manera progresiva, conforme avanza el acto.

Liberarse de una pena

Una pena, un sufrimiento, ya sea pasajero o duradero, suele acabar en lágrimas. El acto simbólico consiste, pues, en derramar lágrimas sobre un objeto, bañarlo en llanto y enviarlo a un destinatario. Éste (un miembro de la familia, una expareja, un antiguo amigo, etc.) debe ser el que ha generado la tristeza. Añadir alguna palabra también resulta liberador: simplemente anotaremos: «Esto te pertenece». Y para liberarse de un peso moral, el acto simbólico consistirá en llevar encima (en una mochila, por ejemplo) algo que pese, como una piedra, que habremos escogido cuidadosamente. Esto puede provenir de donde sea (montaña, playa, de casa...). La cargaremos tantos días como años tengamos (si tenemos cuarenta y cinco años, pues cuarenta y cinco días).

Al final de este lapsus de tiempo, enterraremos el peso bajo un árbol frutal.

Liberarse de la culpabilidad

Algunas formas de fracaso y aislamiento pueden ser castigos simbólicos por un sentimiento de culpabilidad (real o supuesta). El acto consiste, en este caso, en tomar un baño de lodo, que simbolizará la suciedad (moral), para colocarse luego cerca de una fuente de luz para proyectar una sombra en la pared. Después habrá que lavarla con una esponja jabonosa, que se habrá dejado secar y se habrá perfumado. Si el sentimiento de culpabilidad es antiguo y perseguidor, se puede recurrir al baño de excrementos. El genial Salvador Dalí afirmó alto y fuerte: «¡En lugar de baños de lodo quisiera tomar baños de mierda!», y añadía con su habitual sentido de la provocación: «Imaginad los campeonatos de trampolín en una piscina olímpica llena de mierda».

Truco

En una variante, podemos lavar con agua bendita las letras de nuestro nombre tras haberlas modelado. Si creemos que hemos cometido errores en el pasado, buscaremos calendarios correspondientes a cada año vivido, los quemaremos y enterraremos las cenizas plantando encima un rosal blanco.

Si se siente un fuerte complejo de culpabilidad hacia una persona ya fallecida, lavaremos su sepultura de manera minuciosa con jabón puro, luego la barnizaremos o enceraremos antes de perfumarla. Si el sentimiento de culpabilidad concierne a palabras hirientes o a un acto del que nos arrepentimos, nos lavaremos la boca con agua bendita o iremos a una iglesia para meter las manos en la pila de agua bendita (cada mañana, tantos días como años tengamos).

Liberarse del pasado

Diversos métodos y actos simbólicos están a nuestra disposición e implican el cambio de objetos, de decoración, de cama, de ropa, a veces de lugar de residencia (todos estos elementos puede que sólo sean lealtades inconscientes a miembros de la familia de origen). También podemos liberarnos lanzando objetos a un curso de agua corriente o depositándolos en una tumba (para restituirlos a su propietario cuando han sido fuente de sufrimiento o de vergüenza), incluso llevándolos a un cementerio abandonado (para olvidar o hacerse olvidar). Cuando se ha sufrido un trauma mayor durante la infancia (como un cambio de país, el alejamiento de familia y amigos, el divorcio traumático de unos padres, etc.), iremos al cementerio y buscaremos la tumba de un niño de la misma edad que teníamos cuando se produjeron los hechos, y escribiremos una palabra positiva, como la palabra «amor» (con miel o con mermelada de rosas).

Zoom

> Podemos deshacernos de una experiencia traumática poniéndola en escena. En el caso de una agresión, por ejemplo, repetiremos la situación (con vestidos y un escenario lo más parecidos posible a los de la época), haciendo el papel de víctima y de agresor y, eventualmente, de liberador. Otra opción consiste en modificar el fin (se consigue huir del tiempo y no pasa nada).

Para liberarse de la angustia al envejecimiento y/o del miedo al futuro, nos vestiremos y arreglaremos como si fuéramos viejecitos. Aquí también se trata de escenificar los acontecimientos de los que se duda vayan a ser buenos, materializándolos de manera metafórica antes de que se produzcan. Hemos explicado este principio en el capítulo 5.

Liberarse de los secretos

Hay secretos en todas las familias, algunos de ellos pueden ser descubiertos, y otros no, ya sea porque sus propietarios ya han muerto y/o porque nada ni nadie puede romper el obstinado silencio de los que lo saben (por ejemplo, una madre que no quiere revelar a su hijo la identidad del padre o bien un padre que lleva una doble vida con hijos ilegítimos en algún lugar, etc.). Considerando que, en tres o cuatro generaciones, toda familia reúne un buen número de secretos (filiaciones, incestos, etc.), un acto simbólico puede crearse para liberarse del secreto auténtico.

Hay que escribir en una bolsa de papel «Los secretos de mi familia» y colocar dentro trozos de papel en los que habremos escrito, junto con una gotita de sangre, todo aquello que haya sido escondido con vergüenza: «homosexualidad», «crimen», «traición», «abandono», «abuso sexual», «incesto», «mentiras», «filiación ilegítima», «prostitución», «locura», «perversión», «extorsión», «avaricia», «chantaje», «violencia», etc. A continuación, se enterrará la bolsa en tierra húmeda para que los papeles se desintegren rápidamente.

Liberarse de un conflicto

Veamos un ejemplo propuesto por Paul Watzlawick: una asistente de dirección, inteligente y experimentada, tiene problemas con uno de sus superiores. Lo pone nervioso por su forma de actuar independiente y enérgica. Él, por su parte, no pierde ocasión para humillarla, particularmente en presencia de terceros. Sin explicarle las razones subyacentes, se le aconseja que espere al próximo incidente e, inmediatamente después, tome al jefe por banda y le diga algo como: «Hace tiempo que se lo quiero decir, pero no encuentro la forma de hacerlo porque lo que me pasa con usted es muy extraño, y es que, cada vez que usted me trata así en público, me excito sexualmente. No sé por qué me pasa, imagino que tendrá algo que ver con mi relación con mi padre». Y que después se vaya corriendo sin darle tiempo a responder. Al principio, la asistente quedó horrorizada, luego se intrigó y, al final, le pareció una idea genial. Estaba ya ansiosa para que llegara el momento de poderle soltar el discurso al jefe pero, en la siguiente sesión, me dijo que no había podido llevar su plan a cabo porque desde el día que tomó la decisión de hacerlo, el jefe había cambiado súbitamente ¡y siempre se comportaba educada y amablemente con ella!

Para solucionar un conflicto antiguo y tener una última explicación (con una persona ya fallecida), haremos una máscara sobre la que pegaremos la foto de esa persona. Le pediremos a un estudiante de artes dramáticas (a la que pagaremos por sus servicios) que se ponga la máscara y vista como el difunto (lo más parecido posible). Nos dirigiremos al sustituto del pariente desaparecido como si fuera el fallecido realmente, y le expresaremos lo que queramos.

Recordar

> La familia de origen está lejos de ser incondicionalmente favorable en la vida y, en ocasiones, es urgente liberarse de problemas más profundos, cuando padres o abuelos no han sido el instrumento de un éxito (sentimental, material o profesional), sino todo lo contrario, la razón del fracaso.

Cuanto más importantes hayan sido los abusos (críticas incesantes, castigos físicos, indiferencia, posesividad, preferencia por otros niños de la casa, desplazamiento, «chico expiatorio», etc.), más aumenta el deseo secreto de liberarse de esos parientes opresores e incluso de vengarse de ellos.

Podremos hacerlo de manera metafórica cortando en pedacitos un muñeco sobre la cara de la persona que se haya puesto en la cara una foto del pariente. Si los padres nos pegaban con las manos, se destruirá una mano de yeso, mientras que otra se guardará para perfumarla y colocarle joyas, dispuesta en un lugar importante para cada uno (el campus universitario, los jardines del trabajo, etc.). Hay otra variante en la que podemos lanzar dardos a la foto de ciertos parientes o tirarles huevos.

Zoom

También podemos romper, delante de la tumba, un documento que simbolice el contrato exclusivo del padre hacia nosotros (por ejemplo, madre posesiva, padre que no mantuvo una promesa, secreto que ya no se puede ocultar más tiempo). En ciertos casos, se aconseja que los padres vayan a la tumba de un pariente incestuoso (o abusivo o violento) y, si fueron cómplices, que se arrodillen y pidan perdón. Cuando se han terminado los actos, se puede pintar un arcoíris sobre la tumba (o cualquier otro símbolo positivo).

Si ya han muerto, descargaremos la rabia delante de la sepultura («Esto es lo que me hicisteis y así me sentí yo»,

«Esto es lo que habéis hecho con mi vida», etc.). ¿Fueron tus padres crueles y maltratadores? Es el momento de expresar lo más oscuro, lo inconfesable, lo que se rechaza, gritar, orinar e incluso defecar sobre su tumba, pegarle correazos y liberar así una fuerza vital reprimida durante largo tiempo.

¿Por qué no ir al cementerio vestidos como cuando éramos niños para expresar allí lo que fuimos? A menudo humillados, desplazados, traumatizados, frustrados. Para hacerlo hay que expresar el sufrimiento, quitarse la ropa de niño y enterrarla allí mismo para ponerse ropa nueva (que llevaremos en un paquete regalo).

Liberarse del abuso sexual

Para empezar, hay que precisar que una persona culpable de abuso sexual debe ser denunciada y juzgada, Si la denuncia no se ha producido en el momento de los hechos, se puede recurrir a la justicia varios años después[1]. Se puede añadir una confrontación escrita, como una confrontación real, tomando la precaución de hacerse acompañar por un par de personas y de fijar la cita en un lugar público y lleno de gente.

Para aquellos y aquellas que, durante su infancia, sufrieron abusos sexuales por parte del padre o de un adulto que

1. Desde octubre de 2004, la prescripción ha pasado a veinte años tras la mayoría de edad de la víctima; dicho de otro modo, una víctima de violación en su infancia puede poner una denuncia cuando tenga 38 años.

hacía el papel de padre (generalmente un abuelo), mantener el secreto es devastador. En el plano psicológico, el abuso sexual es un episodio de graves consecuencias que provoca confusión, pérdida de referencias, sentimiento de impotencia, caos emocional, estrés agudo y crisis de dirección. Como todo traumatismo, puede comportar un estado de angustia crónica y de rechazo mental.

Para liberarse del secreto es, sin duda, necesario intentar revelar, incluso años después de los hechos (en este caso con el riesgo de que ya no nos crea nadie o de que todos sean cómplices). Y, cuando sea posible, enfrentar al abusador con sus crímenes[2]. Con la confrontación, la víctima asume su propia defensa y se sitúa en una posición de igual a igual, no como en la época del abuso, en que el agresor era mayor y tenía más fuerza e influencia. La confrontación puede ser oral o escrita y comporta cinco secuencias principales:

Lo que me has hecho

Se trata de detallar los hechos acaecidos de manera precisa: dónde tuvieron lugar (en casa de los padres, en tal o cual habitación, en el cuarto de baño). ¿Los abusos se ampliaban a otros lugares (de vacaciones, en un camping, en la piscina, etc.)? ¿Qué partes del cuerpo se veían afectadas? ¿Cuándo pasaba (qué días, a qué horas, había algún ritmo)? ¿De qué fecha a qué fecha se desarrollaron (meses, años)? ¿Cuánto tiempo duraba cada ataque? ¿En qué circunstan-

2. Cf. Forward, S., *Parents toxiques,* Éditions Marabout, París, 2013.

cias (cuando no estaba la madre, cuando había reuniones familiares)? ¿Qué hacía el abusador exactamente (actos y secuencia cronológica de los hechos)? ¿Qué hacia el resto de la familia durante los ataques?

Lo que sentí

Ahora se trata de describir todo lo que se ha sentido durante los abusos, tanto a nivel físico como a nivel emocional. Miedo, terror, disgusto, placer, vergüenza, culpabilidad, remordimientos o deseos de venganza suelen ser las emociones más habituales.

Esto es lo que tu abuso ha provocado en mi vida

Se trata de describir detalladamente las consecuencias del abuso propiamente dicho. Éstas pueden ser de orden físico (fatiga/agotamiento nervioso, pesadillas, frigidez o impotencia), o de orden mental (terrores, depresión, ideas suicidas). Los abusos también pueden influir en los resultados escolares y en la creatividad (interrupción de la escolaridad, rechazo al arte y a las dotes personales) y, por tanto, a la trayectoria socio-profesional (fracaso profesional, falta de dinero) y también problemas en la relación con los demás (pérdida de confianza en sí mismo y en los demás, fracasos sentimentales).

Éstas son las consecuencias presentes

Estas consecuencias pueden ser las mismas que las anunciadas con anterioridad; los síntomas pueden durar años, incluso decenios, en tanto en cuanto el secreto no sea desvelado.

Ésta es la reparación que me debes

No puede haber perdón mientras el agresor no reconozca su culpa. Si el autor de los hechos no reconoce espontáneamente su culpabilidad y no intenta reparar el mal causado, difícilmente lo hará con el paso de los años. Si el delito no ha prescrito aún, se puede recurrir a la justicia, para que la víctima sea reconocida como tal y el agresor sea señalado, reconocido como tal y que tenga la posibilidad de asumir su responsabilidad y pedir perdón. La reparación no puede consistir en pedir un cambio porque eso es imposible, sino en solicitar una compensación. Ésta puede consistir en pedir perdón públicamente, delante del resto de la familia, pagar una suma de dinero o cualquier otra forma de compensación que se nos ocurra.

Si el autor de los abusos está enfermo o muy débil, la confrontación también puede tener lugar, cara a cara, tranquilamente, pero con firmeza, considerando que una parte de él captará la información. En caso de que haya fallecido, podemos ir a su sepultura o donde se esparcieron sus cenizas, con una fotografía suya.

9

LOS ACTOS SIMBÓLICOS EN EL DÍA A DÍA

CÓMO UTILIZARLOS

¿Cómo utilizar los actos simbólicos en el día a día, en el plano material y/o profesional?
Descubramos respuestas originales.

La corriente de la terapia estratégica breve ha considerado siempre, la creatividad como un factor clave para suscitar sorpresa y provocar un cambio. Sigamos algunos actos simbólicos sobre este modelo.

Mejorar las finanzas

Françoise viene a mi consulta, angustiada por el dinero. Le propongo que haga fotocopias en color de billetes de 100, 200 y 500 €; también de dólares, yenes, billetes de Arabia Saudí y de Kuwait (porque son países extremadamente ricos gracias a su petróleo) porque, para el inconsciente, la imagen de una cosa es la cosa misma.

Para atraer dinero es necesario, sin duda alguna, llevarlo encima. Cuando tenemos ahorros nos acostumbramos a llevar encima cierta cantidad de dinero real (e importante) y nos vamos acostumbrando a la sensación de prosperidad. Este acto es tan poderoso que una paciente menopáusica, tras haber llevado más de 5.000 € en billetes fotocopiados, escondidos en la cintura, vio cómo volvía a tener la menstruación el mismo día que se puso el fajo encima.

Algunas cifras concretas son simbólicas y corresponden a cifras clave para el inconsciente. Veamos un ejemplo:

Francis, un joven ejecutivo, tenía que pasar un concurso interno que incluía una entrevista. Creía que no tenía ninguna posibilidad porque le parecía que el listón era demasiado alto para él. Le pregunté su edad (tenía cuarenta y ocho años) y la edad de su padre (ochenta). Multipliqué las edades (es decir, 3.840) y le aconsejé que llevara esa suma exacta encima, en especie, durante la entrevista. Todo pasó de la mejor manera posible y obtuvo la promoción.

Truco

A una paciente, Nathalie, le aconsejé que pidiera para su cumpleaños su peso exacto en monedas de oro, como en la tradición árabe. Para ello, reunió a sus amigos y les pidió que se unieran para conseguir 50 kg de monedas de chocolate (de las navideñas). Luego debía bañarse diariamente en ellas.

Desarrollar sus dones

Habitualmente, desarrollamos la creatividad intentando dar lo mejor de nosotros mismos, con la intención de producir belleza. En este caso, el acto simbólico consiste en producir un objeto, un cuadro, un collage, o una escultura… lo más feo posible. Y esto sirve para deshacerse del «ideal de perfección». Pero el acto simbólico no se acaba aquí: se debe exhibir la obra delante de todo el mundo, amigos y parientes, extasiándose y creyendo haber creado una verdadera obra de arte sin parangón.

Debes saber

Aunque en la actualidad parezca indecente, la imagen fálica no tenía nada de indecoroso en la antigüedad. Su visión no suscitaba ideas obscenas, sino todo lo contrario; se veneraba como uno de los objetos más sagrados de culto.[1] Hasta el siglo XVIII, por lo menos, muchas regiones de Francia seguían rindiendo culto a Príapo, bajo la apariencia de santos locales con atributos sexuales descomunales. En la Provenza se ofrecían a san Foutin exvotos de cera de forma fálica o vaginal, y las mujeres veían vino tinto sobre dichos penes enrojecidos. En Auvergne, se frotaban con agua los enormes genitales de una estatua del santo, de madera, y se hacía con ello una pasta que se ingería para conseguir fertilidad. En la ciudad de Bourges, como en Bretaña con san Gil, se venera a san Guerlichon, cuya estatua yacente es visitada por las mujeres para tumbarse encima de él.

¿Tu familia te desanimó en tu vocación? Es algo muy corriente pero no por ello menos devastador. A fin de superar la frustración, imprimiremos tarjetas de visita con la actividad que nos hubiera gustado realizar. Aconsejé a una consultante que quiso ser bailarina (su familia se lo prohibió bajo la amenaza de «cortarle el grifo») que imprimiera pan-

1. Cf. Dulaure, J. A., *Les divinités génératices. Du culte du phallus chez les anciens et les modernes,* París, 1805.

fletos con una imagen de ella con tutú y puntas, con una mención que rezara: «Bailarina estrella de la Ópera de...» y que las distribuyera por todos los buzones de su barrio.

A otro consultante, cuyos padres no le habían permitido que estudiara guitarra cuando era niño, le aconsejé que fuera un sábado por la tarde a la tienda de instrumentos más grande de su ciudad y que regalara una guitarra al primer niño que entrara pidiendo una para poder estudiar.

A una mujer joven dotada para la escultura, pero tímida e inhibida (su hermano era el preferido de sus padres), le aconsejé que comprara el falo más grande que encontrara en un sex-shop, que lo pintara de color oro y que lo llevara encima (en el mismo sentido, se puede usar la ropa interior del padre o la madre para superar sus prohibiciones de manera simbólica).

Progresar en la actividad profesional

Véronique tenía que presentarse a una entrevista de selección de personal para un puesto que anhelaba. Me pidió consejo y un acto simbólico. Le aconsejé que fuera completamente vestida con ropa y complementos nuevos, incluidos los zapatos, que no llevara ningún objeto ni joya regalados por un ex novio ni por miembros de su familia y que alquilara un vehículo nuevo para acudir a la entrevista (al final obtuvo felicitaciones del jurado).

Laurence tenía que sacarse el bachillerato, pero estaba más interesada en los placeres de la vida que en los estudios. Vino a pedirme ayuda y me comentó que su padre adoraba la fotografía. Le propuse que repasara mejor los temas de óptica. Y, en efecto, la óptica fue tema de examen y obtuvo nota gracias al repaso.

Zoom

> Cécile, una joven secretaria tímida y reservada, quería afirmarse en el trabajo. Me confesó que su padre, un hombre extrovertido y amante de la buena vida, tenía una querida muy llamativa (una morena de ojos claros, con gran delantera, que se parecía a Elizabeth Taylor). Mi consejo fue sencillo: que se presentara a la oficina muy maquillada, con una peluca negra, que se pusiera un wonder bra y que llevara bisutería llamativa. ¡Eso debía causar efecto!

Sylvain, un estudiante de ciencias, suspendía exámenes desde hacía dos años, a pesar de estudiar y repasar antes de examinarse. Su padre, un hombre severo y exigente, rehízo su vida y tuvo otro hijo por el que siente predilección (injusticia familiar). Antes del próximo examen, sugerí a Sylvain un acto simbólico para que tuviera el campo libre: seleccionar una foto de su padre y enviarla por correo a alguna localidad poco habitada y lo más lejos que se le ocurriera (Cabo Verde, islas Cook, Las Azores, etc.). Simbólicamente alejado, con mucha distancia entre ellos, el padre no podría representar ningún obstáculo para sus estudios. También le sugerí que llevara debajo de la camisa (el día del examen) medallas deportivas (símbolo de éxitos y récords). Aprobó.

10

LOS ACTOS SIMBÓLICOS Y LA SALUD

La mayoría de problemas de salud tienen un origen psicosomático, y los actos simbólicos pueden ofrecer soluciones innovadoras.

Recordemos la famosa pregunta que hacía Sigmund Freud cuando sus pacientes presentaban algún síntoma: «¿A quién quieres imitar?». ¿Quién, antes que nosotros, ha pasado por el mismo sufrimiento? Dicho de otro modo ¿a quién queremos mimar inconscientemente?

¿A quién quieres imitar?

Cuando la identificación es evidente (los mismos síntomas o la misma enfermedad que un pariente), puede que también ocurra a la misma edad. En efecto, de entre todos los determinantes genealógicos, la edad parece lo más importante y el principal activador del pasado familiar.

En todas estas situaciones en las que se pone de manifiesto un proceso de identificación, el acto simbólico consistirá en escribir el nombre del pariente en una etiqueta adhesiva y pegarla en la parte del cuerpo que esté afectada por la dolencia, dejándola un número de días concretos antes de despegarla (liberándose del proceso de mimetismo).

En el mismo sentido, la foto del pariente puede colocarse directamente sobre el órgano afectado, porque éste constituye la raíz del problema. Y en caso de una adicción, se pega la foto del pariente en la botella de licor o el paquete de tabaco. En caso de bulimia, hay que tirar toda la vajilla que proceda o recuerde a la familia. En caso de complejos físicos, hay que suprimir los espejos, particularmente los regalados por la familia.

Debes saber

> La identificación con los padres u otros familiares puede hacerse también en la profesión, por ejemplo, un hombre que tiene problemas cutáneos (soriasis) y cuya madre es dermatóloga; un hombre que sufre problemas cardíacos siendo su padre cardiólogo; una mujer que presenta problemas de visión habiendo sido su abuelo fotógrafo profesional; una señora que sufre alopecia mientras su madre tenía una peluquería, o incluso un paciente que sufría esclerosis por placas siendo su padre crupier en un casino (manipulando todo tipo de placas: fichas, monedas, cartas...).

Los padres suelen utilizar una técnica inconsciente para inducir el fracaso más o menos permanente: el chantaje mediante la enfermedad. Veamos un ejemplo: Pierre, un brillante informático con sorprendentes éxitos pasados, vino a mi consulta. Desde hacía algún tiempo, sus negocios parecían estancados. Como un mantra negativo, su madre se quejaba constantemente de problemas de salud cada vez más dolorosos (dolores que la incapacitaban, a nivel de columna vertebral). La madre, además de sus características personales, era el arquetipo de madre-nutricia por excelencia. Así, Pierre veía debilitadas sus posibilidades de crecimiento y expansión. Muchos consultantes vieron cómo cambiaban sus circunstancias cuando sus padres (y más especialmente la madre) sufrían problemas de salud. Este principio ha sido ampliamente abordado en muchas películas cuando los protagonistas, enfrentados a problemas inesperados, descubren al mismo tiempo la enfermedad de un familiar.

Truco

Para detener el deterioro de la figura materna, aconsejo el siguiente acto simbólico: modelar con arcilla una columna vertebral lo más precisa posible, a tamaño natural y pegar, en cada vértebra, un cuarzo natural, pintándolo todo de dorado. Simbólicamente, el arquetipo materno se ve restaurado y fortificado. El día siguiente al acto, el consultante recibió una propuesta de contrato de una importante empresa (que deseaba desde hacía meses).

La Piedra Salvadora

Imitando a los peregrinos que van a La Meca para poder tocar el impresionante meteorito sagrado y negro, podemos visitar la tumba de ciertos parientes para liberarnos de distintos sufrimientos. Podemos frotar los órganos enfermos con la tumba misma.

Alejandro Jodorowsky cita el caso de una señora que se curó de una infección tenaz tras haber frotado su mano, bañada en miel, sobre la sepultura de su madre.[1] Las alergias alimentarias también pueden curarse ingiriendo los alimentos que las producen en la tumba del pariente (generalmente, la madre, la tía o la abuela, que son los arquetipos nutricios). A veces, el nombre de los alimentos que producen alergia recuerdan al nombre de un pariente (por ejemplo, un joven alérgico a las nueces cuyo padre se llama M. Delannoy; una mujer alérgica al pescado cuya madre se llamaba Sra. Brochet, etc.). Para el inconsciente, dos elementos con consonancia fonética cercana o idéntica son equivalentes, uno lleva al otro.

Si bien la gente teme mucho repetir los síntomas y enfermedades de sus parientes fallecidos, el miedo a morir con la misma edad está aún más presente. Para vencerlo, veamos dos casos: el primero de ellos concierne a un hombre joven, Fabrice, cuyo padre murió unos meses antes de manera totalmente inesperada (de un infarto de miocardio con sólo treinta y ocho años). Aconsejé al hijo que fuera a la tumba de su padre con un plato a base de corazón de ternera o de cordero, metáfora del órgano parental, y que se lo comiera sentado a los pies de la tumba, y que permaneciera allí 38 minutos exactamente.

A una consultante cuya madre murió de cáncer renal (a los cuarenta y dos años), le di el mismo consejo: que fuera a la tumba de la madre con un plato de riñones al Jerez y

1. Cf. Jodorowsky, A., *Psicomagia, op. cit.*

que se quedara allí 42 minutos. Antes de marcharse, debía escribir la palabra «amor» sobre la sepultura, con miel o con mermelada de rosas. Mediante este acto afectuoso, la relación con la madre se pacifica.

Desde 1900, Sigmund Freud aplicó el siguiente principio: a los padres de un niño traumatizado porque había visto morir un caballo en la calle, les recomendó que le dieran de comer al niño un buen filete de caballo. Se trata de que los efectos psíquicos del trauma pasen lo antes posible.

Restaurar el cuerpo

En cuanto a los parientes ya desaparecidos, un detalle merece nuestra atención: ¿en qué estado estaban sus cuerpos en el momento del fallecimiento? Si estaban íntegros, el duelo se hará normalmente. Por el contrario, en caso de muerte violenta debida a una grave enfermedad, un accidente o un suicidio (con el cuerpo operado, amputado, chafado, quemado, etc.), los efectos psíquicos son notables para el resto de la familia (depresiones, obsesiones, etc.).

A una consultante traumatizada porque su hermano pequeño, de diez años, murió de cáncer de huesos le propuse lo siguiente: que consiguiera un esqueleto de plástico, de tamaño pequeño, como era su hermano, y pintara cada huesito de color dorado y una palabra positiva. Tenía que poner anillos brillantes en cada falange (diez porque el niño tenía diez años) y el nombre del niño inscrito en un medallón que colgaría entre las manitas. Con el esqueleto así adornado, debía colocarlo en un paño color plata y enterrarlo bajo un árbol frutal (un naranjo o un limonero, por ejemplo).

El cuerpo y la moneda

En un capítulo anterior, he demostrado el efecto calmante del dinero en forma de billete. El nexo entre el cuerpo y el dinero es evidente porque todos sabemos que con dinero podemos mantener el cuerpo en mejor estado, seguro (hábitat) y sano (comida y cuidados). Entre las innumerables propiedades del masaje tradicional, podemos hacer que nos apliquen un masaje con un billete (de 200 €, por ejemplo), tras haberlo perfumado. Si el malestar es más profundo, lo haremos con un billete de 500 €, aunque también pueden ser billetes extranjeros que tengan que ver con nuestra historia familiar (inmigración, padres de otra nacionalidad…).

Deshacerse de los secretos

En el seno de las sociedades tradicionales, en caso de enfermedad, es de uso común el reconocimiento de las posibles faltas cometidas por uno mismo. El recurso a la confesión, privada o colectiva, es casi obligatorio en lugares como Indonesia, Polinesia, México, África y en algunas regiones del Ártico.[2] Cuanto más tiempo hace que una falta se mantiene

---

2. Cf. Lévy-Bruhl, L., *La Mentalité Primitive,* Flammarion, París, 2010.

en secreto, más insidiosa se vuelve. En Samoa, en caso de enfermedad grave, el gran sacerdote del pueblo pide a la familia y amigos del enfermo que se reúnan y confiesen.

Debes saber

Un problema de salud puede ser consecuencia de secretos íntimos. Los concernientes a la identidad del padre, de la madre o de los hermanos suelen incidir en el metabolismo y el sistema inmunitario. He tenido ocasión de comprobar los estragos que causan los secretos (un hermano, una hermana, un medio hermano, una medio hermana pueden pesar sobre el estado de salud de la fratría y del resto de la familia). ¿Y si lo que se desarrolla en el seno de la célula familiar induce a mutaciones en las otras células (las corporales)?

Hacer hablar a los órganos

¿Cómo se hace «hablar» a un órgano? Dirigiéndose a él directamente. Por ejemplo, para regular la bulimia, se le preguntará al estómago cuánta hambre tiene, en una escala de del 1 al 10. La respuesta puede ser muy distinta al discurso habitual del bulímico «siempre tengo hambre». Otro medio de hacer hablar al cuerpo consiste en pintarse una boca (en la zona del órgano en causa). ¿Sufres de la rodilla? Píntale una boca con un rotulador. ¿Dolor de hombro? Píntale una boca. Pregúntale, directamente, por qué tiene dolor. La respuesta (hasta ahora voluntariamente ignorada por el consciente) puede ser sorprendente.

Para ir más lejos

En este mismo sentido, podemos hacer hablar al alma (dibujando una boca en el ombligo) y, en el caso de sentimientos realmente depresivos, recurriremos a un acto complementario: un enterramiento simbólico (numerosas ceremonias de iniciación comienzan con el paso por una caverna o una fosa) o, en otra variante, grabar el propio nombre sobre una losa mortuoria (con una fecha anterior al día del encargo).

En 1947, el célebre actor Cary Grant descubrió con estupor que había muerto, y que su muerte estaba en primera plana en todos los grandes periódicos y revistas de Estados Unidos (decían que su avión había sufrido un accidente el 11 de enero, en las Montañas Rocosas, que se perdió todo contacto por radar y todo el mundo lo daba por muerto y desaparecido). Largo tiempo deprimido por problemas personales, el actor experimentó un auténtico electroshock emocional, tan potente que resucitó en él las ganas de aprovechar cada momento de su vida. Otras personas, en cambio, han rozado la muerte muy cerca (o se les había anunciado como cercana y certera) antes de conocer un cambio de destino inesperado, como es el caso de Julio Iglesias.

Chamanes y curanderos

En las sociedades primitivas, el hombre-médico no necesita, como nosotros, examinar cuidadosamente al enfermo, reflexionar para la interpretación de los síntomas y para establecer un diagnóstico en el sentido médico del término. A lo sumo, el aspecto del paciente le sugiere un pronóstico que se guarda para sí en todos los casos. Después procede a un vigoroso masaje, ya sea de todo el cuerpo o de la zona donde parece hallarse el mal. Los amasa con grandes esfuerzos, a veces durante horas, para llevar el mal a un punto concreto bajo la piel. Cuando lo consigue, aplica la boca en ese lugar. Con una succión enérgica y prolongada, consigue sacar una piedrecita, un insecto, un coágulo de sangre, etc., lo que llamaríamos «enfermedad materializada».

Para evitar malentendidos, aclararemos que la extracción del insecto o piedrecita, o lo que sea, no es un juego de malabares, sino un acto simbólico. Es la señal de la victoria del bien sobre el mal, que se escenifica de este modo. Así que hace ver que lo extrae y que lo retira.

En la década de 1960, mientras estaba viviendo en México, A. Jodorowsky tuvo ocasión de conocer a la curandera Pachita,[3] que ejercía cerca de su domicilio.[4] Todos los días de la semana, Pachita recibía y curaba gratuitamente en cientos de pacientes. Convertido en asistente puntual, Jodorowsky fue testimonio de escenas que iban más allá del

3. Bárbara Guerrero «Pachita», famosa curandera mexicana nacida en 1900 y fallecida el 29 de abril de 1979.

4. Cf. Jodorowsky, A., *El maestro y las magas, El Ojo del Tiempo.*

entendimiento: hombres y mujeres operados sin anestesia con un enorme cuchillo de cocina. Órganos cortados, otros inmediatamente trasplantados, corazones y columnas vertebrales cambiados en pocos minutos, todo en un ambiente religioso y en penumbra. Jodorowsky, que en ese momento sufría del hígado, sintió pánico al notar la fría hoja del cuchillo de cocina penetrar en su vientre para extraerle el tumor que lo atormentaba. En la misma época, en Brasil, otro curandero llamado Ze Arigo[5] tenía miles de pacientes. Procedía del mismo modo, poseído por el espíritu de un médico alemán que le dictaba en segundos farmacopeas extrañas (asociaciones poco habituales de medicamentos alopáticos conocidos) pero muy eficaces.[6]

La cirugía del placebo

De esta experiencia única y prodigiosa, Jodorowsky sacó conclusiones: no quiere pronunciarse sobre la veracidad de los hechos, aunque pudo asistir personalmente a las operaciones de la curandera y fue testigo de escenas espectaculares. Reconoce que no tiene los mismos poderes que Pachita, pero concluyó un interesante principio: verdad o mentira; si la magia puede curar, entonces podemos efectuar operaciones placebo que el inconsciente tomará por reales. Más

5. José Pedro Freitas «Arigo», famoso curandero brasileño nacido el 18 de octubre de 1921 y fallecido el 1 de noviembre de 1971.
6. Cf. Fuller J.G., *Arigo: Surgeon of the Rusty Knife,* Pocket Books, Nueva York, 1974.

tarde, se aplica algo sobre la carne, como un pulpo, por ejemplo, que simboliza el mal, el tumor adherido, y se despega simulando grandes esfuerzos, acercando también un enorme cuchillo, como en una cirugía imaginaria, para «reemplazar» los órganos enfermos.

11

LIBERARSE DE LA INFLUENCIA FAMILIAR

¿DE QUÉ MANERA?

¿Cómo liberarse de la historia familiar? Sorprendentemente, realizando, de manera simbólica, la unión con las figuras paternas, en primer lugar, y con la fratría después.

Tanto en las sociedades primitivas como en las contemporáneas, el incesto constituye un tabú mayor. Nadie debe, sin consecuencias realmente serias, unirse a su semejante, es decir, a un hombre o una mujer, que pertenezca a la misma familia. Sin dicha prohibición, cada cual tendría relaciones con cualquiera y no serían necesarios los intercambios con miembros externos.

El tabú del incesto

A pesar de esta explícita prohibición, las pulsiones incestuosas que nos llevan a desear, siendo niños, a nuestros primeros objetos de amor (padres, abuelos, hermanos, hermanas, tíos y primos) pueden ser muy vivas tras la infancia y la adolescencia. Esto se debe a que nos resulta fácil despegarnos de relaciones que han sido colmadas y satisfechas, pero no de aquellas que nos han generado frustración e insatisfacción.

Emplear la metáfora

¿Cómo podemos saber que esta pulsión hacia los padres (natural y espontánea en su origen) se ha cristalizado? Cuando nos gustan y buscamos frecuentar personas cuyos nombres son como los de los padres, a veces cuando buscamos gente del mismo oficio, que ha nacido el mismo día (o con una dirección muy parecida). Por ejemplo, un hombre cuyo padre se llama Jacques se casa con una mujer que se llama Jacqueline; una mujer cuya madre se llama Laurence se casa con un hombre que se llama Laurent; una mujer cuya hermana se llama Stéphanie, se casa con un Stéfane, etc.

Recordar

> La bibliografía dedicada a las relaciones padre-hija y sus terribles consecuencias es inmensa y, sin entrar en detalles, simplemente diré que dos tipos de unión engendran, en la edad adulta, un apego reforzado y contra natura con los padres y la familia: la ausencia, la indiferencia y el rechazo, incluso el maltrato de los progenitores o, por el contrario, la posesividad y sobreprotección de éstos. En ambos casos, la pulsión incestuosa no llega a evolucionar, nunca se ve satisfecha porque los padres se han mostrado abusivos o injustos.[1]

Esta fijación por los padres también se revela en sueños y/o en algunos lapsus (cuando se llama «por error» a la pareja con el nombre del padre o de la madre). Pero también cuando los cónyuges son inferiores a los propios padres,

1. Sobre este tema, véanse las diferentes obras de Alice Miller.

que siguen siendo las figuras dominantes (más ricos, más guapos, más listos), como puede ser el caso de que el marido sea enfermero y el padre un brillante cirujano de renombre, o la esposa maestra de escuela mientras que la madre da conferencias en las universidades, el yerno es mecánico y el suegro tiene una cadena de concesionarios de lujo, etc.

Zoom

Si insisto en el destino de la pulsión incestuosa es porque, cuando ésta queda insatisfecha, se transforma en una fuente de fracasos y contratiempos en el ámbito sentimental, económico y profesional. Y podo porque, en razón de una lealtad tan potente como invisible, la energía vital se dirige hacia los padres y no hacia el mundo exterior. ¿Cuál es la solución en ese caso? Realizar, cumplir el tan deseado incesto de manera metafórica. Una vez satisfecho el deseo, la alianza íntima con los padres se podrá superar.

Máscaras y ornamentos

Para conseguirlo, hay diversos actos simbólicos que sólo necesitan objetos simples: ropa u ornamentos de los que ya he tenido la oportunidad de hablar durante toda esta obra. El acto más sencillo consiste en hacer una máscara a partir de la foto de uno de los padres (o de ambos) y hacer que se la ponga nuestra pareja durante el acto sexual (pronunciando su nombre en el momento del orgasmo). De este modo, realizaremos, de manera metafórica, el deseo inconsciente del acto sexual con los padres.

Se puede reemplazar la máscara llevando al cuello un medallón con la foto del padre o la madre, previamente perfumado con sus fragancias habituales.

Otra posibilidad es quitarles una prenda íntima a los padres y llevarla (puntualmente) o hacer que se la ponga la pareja, según se trate del padre o de la madre. Luego, esa ropa se lavará y se devolverá limpia, de manera anónima, con un regalito. Estos actos simbólicos se pueden llevar a cabo sólo con fotografías o con ropa íntima de hermanos/hermanas y demás familiares, porque la pulsión incestuosa puede concernir a todos.

Una nueva identidad

¿El nombre constituye un destino en sí mismo? Cambiar de identidad puede ser un acto simbólico muy potente y una buena solución a una herencia genealógica conflictiva o a los abusos familiares, como puede ser llevar el nombre de un progenitor o de uno de los abuelos, de la amante del padre o de la madre, de un hermano muerto o por llevar el nombre de una obra de ficción (literaria o cinematográfica), etc. Modificar el nombre o el apellido (o las dos cosas) puede reorientar el destino, llevarlo por caminos más positivos. Pero, para cambiar, ¿qué opciones tenemos? Del anagrama al pseudónimo, pasando por el apellido de la madre, hasta la transformación radical. Vamos a ver unos ejemplos.

Un poquito más

La adopción del apellido de la madre es, a menudo, fuente de éxitos, particularmente cuando la madre ha sido protectora y afectuosa durante la infancia de sus hijos. De igual modo, podemos cambiar el orden del primer y segundo nombre para conseguir un cambio. En estos casos, sin cambiar los nombres ni apellidos radicalmente, el simple cambio de orden tiene un notable impacto en el plano simbólico (cambiar de sitio puede significar cambiar de plano).

¿Cambiar el apellido del padre por el de la madre? ¿Por qué no? Seguiremos estando en territorio familiar y, bajo ciertas condiciones, puede ser un cambio favorable. Desde Sigmund Freud y Jacques Lacan, se cree que sólo el apellido del padre es importante, pero lo cierto es que el apellido de la madre cuenta lo mismo.

Los juegos de letras

¿Cómo sería el anagrama que mezclara el apellido de tu padre con el de tu madre? Cuando el jefe de los surrealistas, André Breton, creyó lanzar un anatema contra Salvador Dalí, componiendo un anagrama exacto con su nombre y apellido, que fue «Avida Dollars», ignoraba que le estaba lanzando una bendición. El nuevo nombre fue un talismán para Dalí, una lluvia de dinero (normalmente estadounidense) que le cayó encima de manera ininterrumpida tras años de privaciones materiales, de manera que el pintor conoció la absoluta prosperidad. ¿Contendrá tu nombre, del mismo modo, un talismán secreto? ¿Por qué no probar a ver qué anagrama sale de nuestro nombre cambiando el orden de las letras? Descubre cuáles con constitutivas de tu identidad mezclándolas en nuevas combinaciones de vocales y consonantes.

Un nombre talismán

«La primera vez que vi a Dalí, estaba de rodillas en su suite del Hotel Maurice, y cortaba letras enormes para formar su nombre sobre una soberbia alfombra persa»,[2] confiesa el escritor Pierre Rey. Inspirándonos, podemos magnificar nombre y apellidos (antiguos y nuevos), modelando las letras (en grandes dimensiones), con materiales de nuestra elección (madera, arcilla, etc.) y perfumarlas. También podemos hacer una obra de arte (un mosaico, etc.).

Algunos artistas adoptan un pseudónimo muy pronto, renunciando a su propio nombre: la actriz Micheline Roussel (Michèle Morgan) tuvo la idea para su nuevo nombre

---

2. Rey, P., *Une saison chez Lacan, op. cit.*

mirando la insignia de un banco americano (J. P. Morgan), escapando así de los vínculos incestuosos de su familia (dos hermanas se habían llegado a casar con hermanos). Citemos también al cantante Jean-Philippe Smet, abandonado por sus padres, que adoptó el nombre de un familiar (Hallyday).

Recordar

> Las actividades creativas (danza, pintura, escritura, música, teatro, etc.) son las que ofrecen más posibilidades para cambiarse el nombre, cuya influencia puede ser decisiva para la carrera profesional (razón por la cual la familia suele rechazar este tipo de actividades).

En cuanto a Georges Rémi, inspirado autor de cómics, escogió como seudónimo Hergé por la pronunciación de las letras R y G (sus iniciales al revés). Jean Alexis Moncorgé se convirtió en «una bestia sagrada» bajo el nombre de Jean Gabin. Y Norma Jeane Mortenson fue Marylin Monroe, o Richard Walter Jenkins Jr., joven actor de un humilde barrio obrero que adoptó el apellido de su mentor (Burton), atrayéndose éxitos profesionales y amorosos.

Inventarse una tarjeta de visita

Hemos visto que un acto liberador puede consistir en inventarse tarjetas de visita con una nueva identidad, una nueva fecha de nacimiento, incluso una nueva profesión. Se trata de ser original y deshacerse de las herencias asociadas al nombre habitual (particularmente cuando es fuente de vergüenza o malestar). Y para poner mayor distancia con la familia de origen, podemos ponernos un nombre de sonoridad extranjera o referente a una clase social distinta. Imprime tus tarjetas de visita y distribúyelas por tu localidad: a vecinos, amigos, o introdúcelas en buzones desconocidos. Este acto, en apariencia anodino, puede provocar grandes cambios.

CONCLUSIÓN

En esta centena de páginas, espero haber podido ofrecer un panorama de las numerosas posibilidades para estar mejor y para realizar cambios personales mediante actos simbólicos. Espero que los ejemplos que he propuesto hayan sido para vosotros, queridos lectores y queridas lectoras, fuentes constantes de inspiración.

«¡Imaginad, imaginad e imaginad más aún!» sería mi consejo para concluir esta obra. En efecto, la apertura de mente, la flexibilidad de pensamiento, la imaginación activa, salpimentada con una pizca de fantasía, son indispensables para la elaboración de soluciones creativas, pudiendo plasmarse de manera simbólica. El campo fértil del *pensamiento simbólico* es inmenso, como he podido ir demostrando a lo largo de estos capítulos. Está abierto para vosotros.

FUENTES Y REFERENCIAS

COURTOIS, A.: «Le rituel therapeutique, à la recherche d'un nouveau soufflé», en *Thérapie Familiale.* Vol, 27, fascículo n.º 3, 2006, págs. 263-283.

FRAZER, J. G.: *Le rameau d'or.* Robert Laffont, París, 1993.

HOROWITZ, E.: *Liberarse del destino familiar.* Zenit, Barcelona, 2007.

—: *Se libérer du temps généalogique; comment déprogrammer son destin par la psychogénéalogie.* Dervy, París, 2002.

—: *Sous l'influence du destin familial; John Fitzgerald Kennedy et les programmations secrètes de l'arbre généalogique.* Dervy, París, 2003.

—: *La maladie: une mémoire généalogique. Comprendre son roman familial pour guérir.* Dervy, París, 2004.

—: *Les fantômes du passé. Comment les deuils familiaux influencent notre vie.* Dervy, París, 2005.

—: *L'enfant et l'arbre généalogique. Pour un nouveau roman familial.* Dervy, París, 2006.

—: *Derniers soupirs, grands secrets.* Rober Laffont, París, 2008.

—: *Freud express! Sur le diván en 2 minutes chrono.* Albin Michel, París, 2011.

—: *La psychogénéalogie. Explorer son passé familial et mieux se connaître.* Ixelles Éditions, Bruselas, 2012.

—: *Les nouveaux secrets de famille. Les comprendre pour s'en libérer.* Ixellex Éditions, Bruselas, 2012.

—: *Chronogénéalogie.* Editions Hachette, París, 2013.

—: *Les actes libérateurs. Psychomagie et actes symboliques.* Dervy, París, 2014.

JODOROWSKY, A.: *Le théatre de la guérison.* Albin Michel, París, 2001.

—: *Teatro sin fin.* Libros del Tiempo, 2007.

—: *Psicomagia.* Debolsillo, 2016.

LÉVY-BRUHL, L.: *Le surnaturel et la nature dans la mentalité primitive.* Éditions Payot, París 1931.

WATZLAWICK, P.: *Changements.* Le Seuil, París, 1975.

WEBSTER, H.: *La magie dans les societés promitives.* Éditions Payot, París, 1952.

ACERCA DE LA AUTORA

Élisabeth Horowitz es terapeuta especializada en psicogenealogía y terapia breve basada en las soluciones. De formación universitaria, tras años de práctica en una consulta privada, fundó la asociación francesa de psicogenealogía en París en 2001. Conferenciante, es autora de numerosas obras de desarrollo personal.

Para contactar con ella:
e-mail: elisabeth.horowitz@hotmail.com
Web: www.elisabeth-horowitz.com
Facebook: Elisabeth Horowitz

ÍNDICE